CW01460147

Cap Maths

CYCLE 2 **CP**

MATÉRIEL PHOTOCOPIABLE

Nouveaux programmes

SOUS LA DIRECTION DE
Roland CHARNAY
Professeur de mathématiques
à l'IUFM

Marie-Paule DUSSUC
Professeur de mathématiques
à l'IUFM

Dany MADIER
Professeur des écoles

Hatier

Mode d'emploi
du matériel photocopiable

Le matériel photocopiable Cap maths contient 5 ensembles de fiches :

1. Le matériel nécessaire pour mettre en œuvre les activités

La plupart des fiches sont destinées à un usage individuel ou collectif.

Certaines d'entre elles doivent être découpées avant d'être données aux élèves.

Dans quelques cas, ils doivent répondre sur la fiche qui leur a été remise.

Lorsque le document est destiné à un usage collectif, et doit donc être visible par toute la classe, un agrandissement peut être utile.

2. Les cartes-nombres de 20 à 99

(les cartes de 1 à 19 sont disponibles dans chaque fichier d'entraînement de l'élève)

L'utilisation de papier plus épais peut s'avérer intéressant pour obtenir un matériel plus solide, facile à conserver pour les années suivantes.

3. Le matériel des activités complémentaires

En fin de chaque unité de travail, le guide de l'enseignant fournit des idées d'activités qui peuvent être utilisées en soutien, en entraînement ou en approfondissement.
Le matériel nécessaire
à la mise en œuvre de ces activités est soit décrit dans le guide soit, le plus souvent, fourni sous forme de fiches photocopiables.

4. Les bilans de compétences

À partir de l'évaluation qui clôt l'unité de travail, l'enseignant situe chaque élève par rapport aux objectifs visés, en complétant sa fiche « bilan de compétences ». Celle-ci peut éventuellement être transmise aux parents.

5. Les bilans de période

Au terme de 3 unités de travail, un bilan des acquis des élèves est proposé sous forme de fiches photocopiables. Ce choix est destiné à éviter tout « bachotage » préalable qui dénaturerait ce type d'évaluation, indispensable au repérage de difficultés importantes nécessitant la mise en place de dispositifs de remédiation personnalisés pour certains élèves.

Conservez les originaux des fiches matériel
En effet, une même fiche matériel peut-être utilisée plusieurs fois dans l'année, dans des activités différentes.
Ces fiches sont destinées à être utilisées pendant plusieurs années. Conserver les originaux vous évitera d'avoir à acheter à nouveau cet ensemble.

Téléchargez gratuitement les fiches Différenciation sur le site compagnon :
www.capmaths-hatier.com
Ces fiches Différenciation reprennent certains exercices du Fichier d'entraînement de l'élève avec la possibilité pour l'enseignant de choisir certaines données (par exemple les nombres de l'énoncé). Ces fiches photocopiables permettent ainsi une adaptation des exercices aux besoins et aux possibilités de chacun.

Conception graphique et réalisation : Echo Graphic   Illustrations : Daniel Blancou

© Hatier, Paris, 2009   ISBN 978-2-218-93620-3

Relevé d'informations

Nom de l'élève : ....

EXEMPLE DE CODAGE POUR LES RÉPONSES

Codage inspiré de celui utilisé lors des Évaluations nationales à l'entrée en CE2 et en Sixième.

Code 1	→	Réponse correcte
Code 3	→	Réponse à 1 près
Code 9	→	Réponse erronée
Code 0	→	Pas de réponse

EXEMPLE DE RELEVÉ D'INFORMATION

	SAVOIR	PROCÉDURES		CODE
Consignes 1 et 2	Résoudre un problème d'augmentation	Procédure :		
	Résoudre un problème de diminution	Procédure :		
Consignes 3 et 4	Reconnaître une petite quantité (3 objets)	Procédure :		
	Reconnaître une quantité organisée (5 points)	Procédure :		
Consignes 5 et 6	Réciter la suite des nombres jusqu'à…	Erreurs :		
	Réciter la suite des nombres de 5 à 12	Procédure :		
Consigne 7	Dénombrer une quantité par comptage (7 objets déplaçables)	Procédure :		
Exercice 8	Comparer des quantités (collections proches)	Sans dénombrer	En dénombrant	
Exercice 9	Réaliser une collection qui contient la même quantité d'objets qu'une autre collection	Directement	Avec la file	
		Directement	Avec la file	
Exercice 10	Dénombrer une quantité d'objets (non déplaçables) et écrire le nombre	Procédure :		
Exercice 11	Reconnaître l'écriture du nombre	Directement	Avec le file	
	• **deux**			
	• **cinq**			
	• **huit**			
	• **dix**			

CapMaths

2 ÉVALUATION INITIALE
Guide - p.1

Reconnaître de petites quantités

Partie 1 - Consigne 3

Partie 1 - Consigne 4

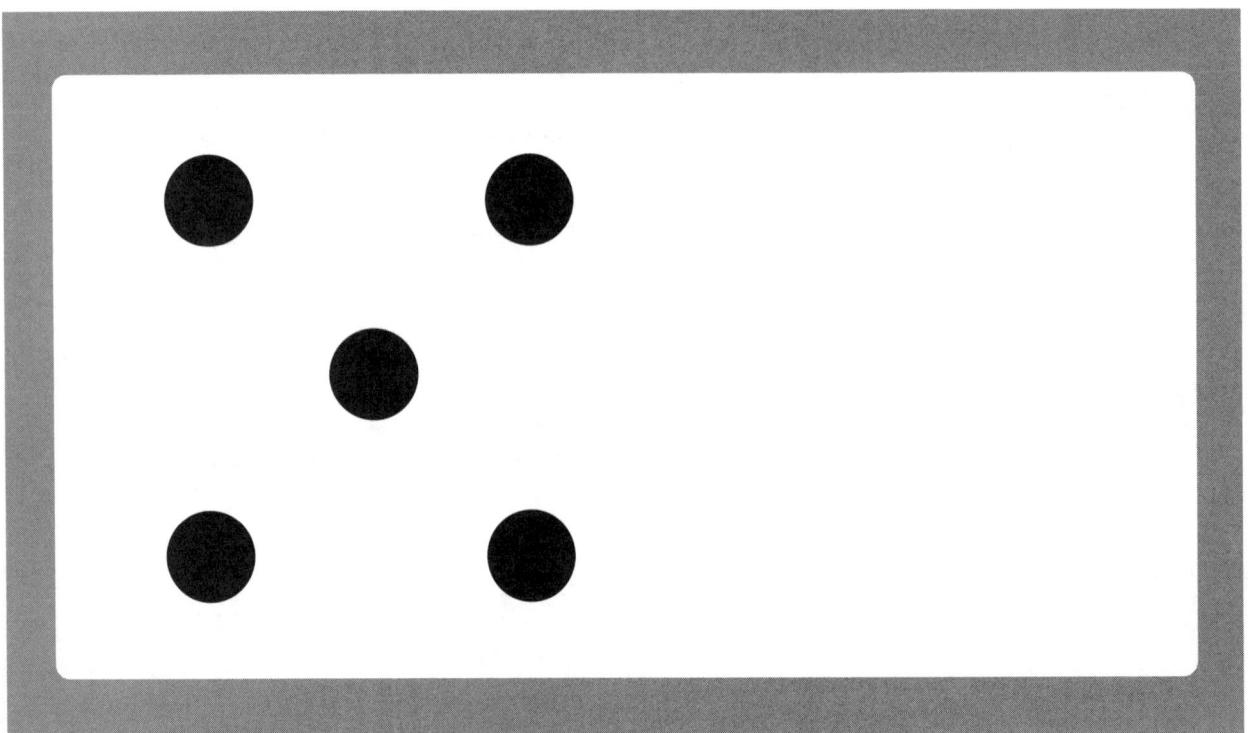

Le Ziglotron

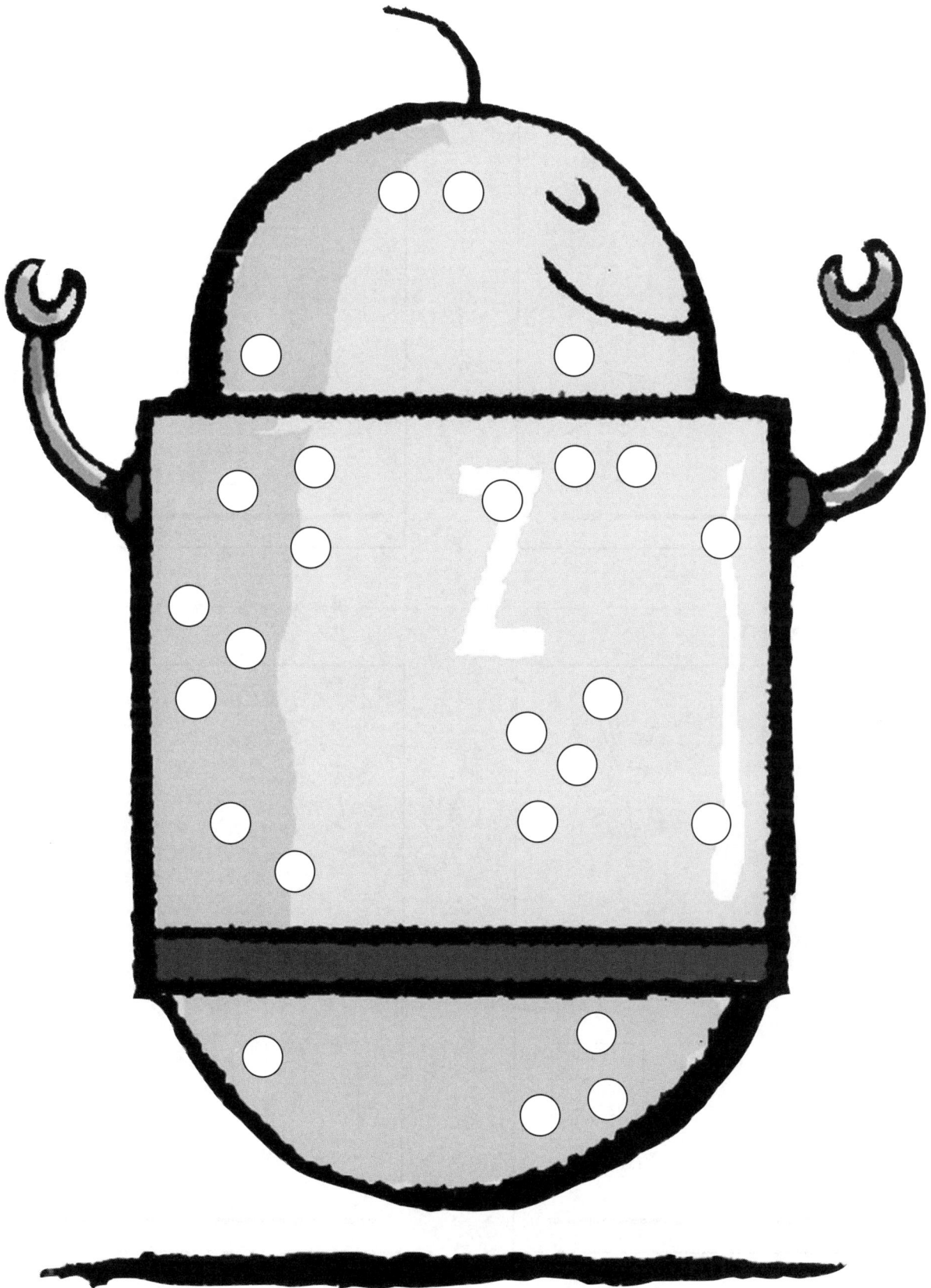

Cartes repérage

a

b

c

d

Cartes points

Les photos

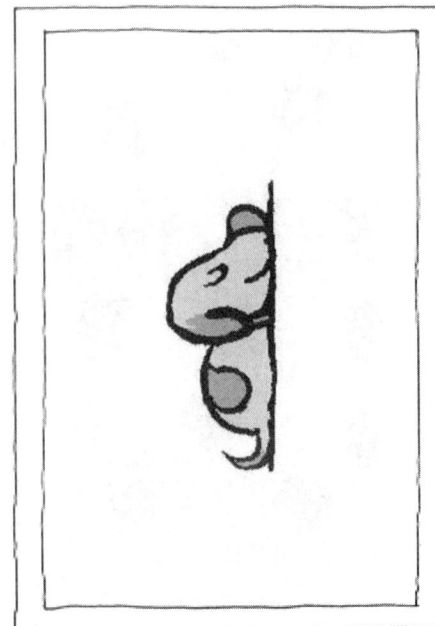  

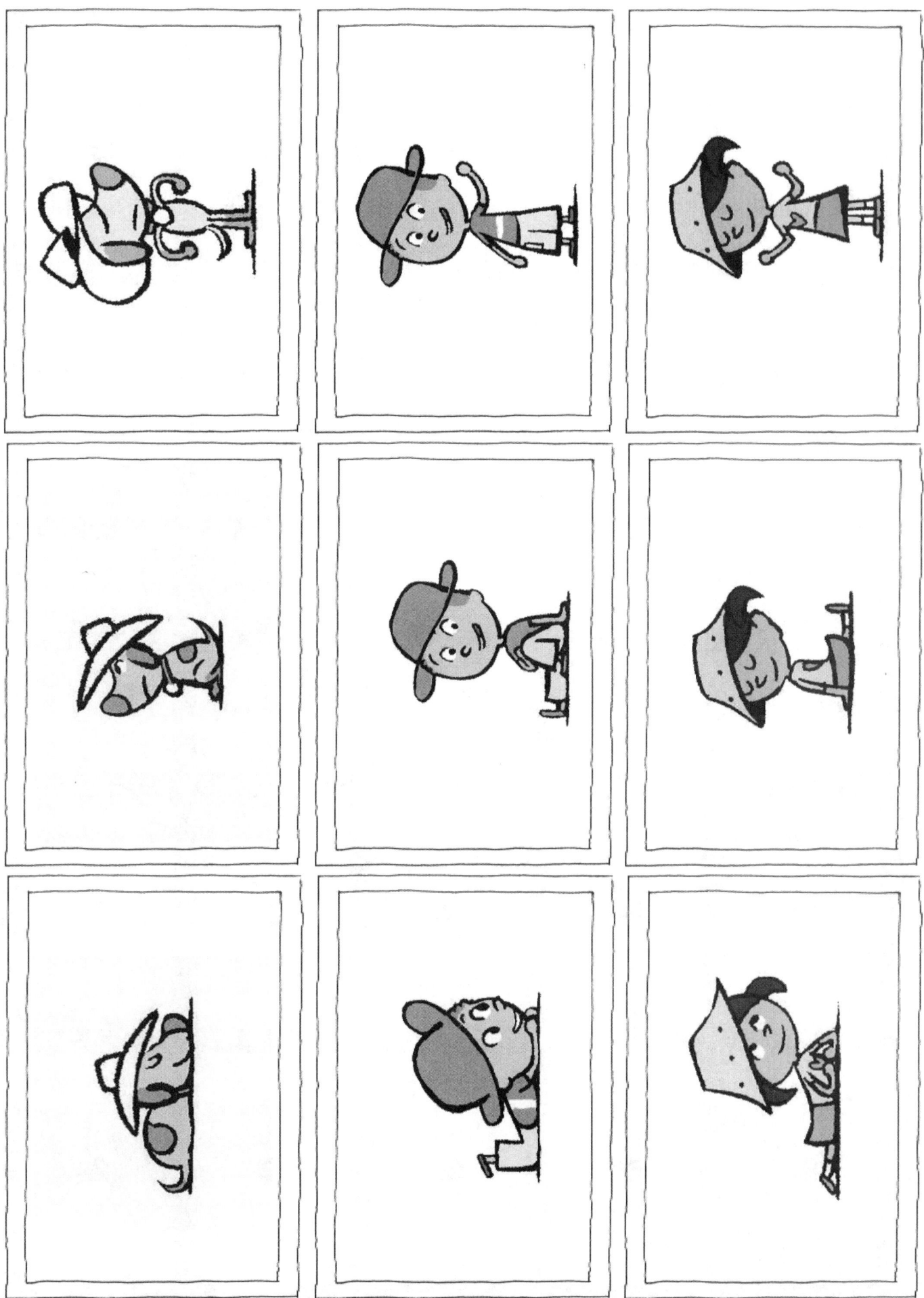

Les photos

Cartes cerises

Décomposer des nombres
avec 1, 2 ou 5

Les nombres manquants

28	35	1	29	32
33	26	38	6	34
2	17	31	12	39
13	27	7	15	25
4	20	5	18	
24	9	37	3	
8	16	23	14	

Déplacements sur quadrillage
► *Gribouille cherche son os*

Déplacements sur quadrillage
▶ *Gribouille cherche son os*

Quadrillage 1

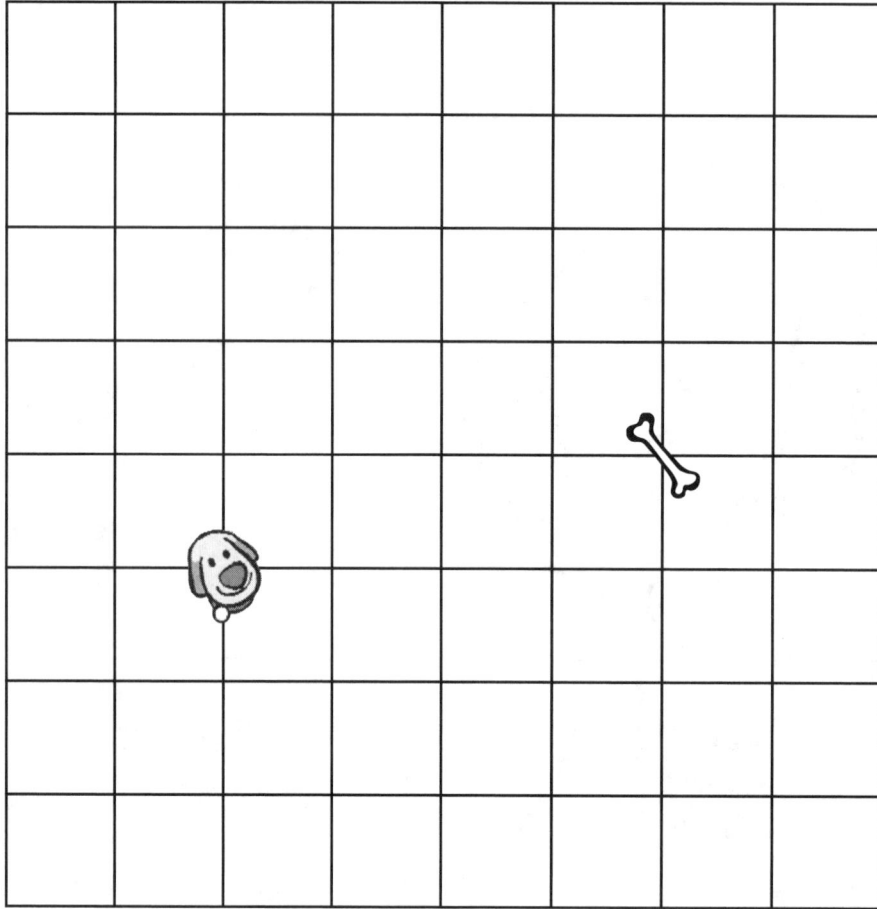

Quadrillage 2

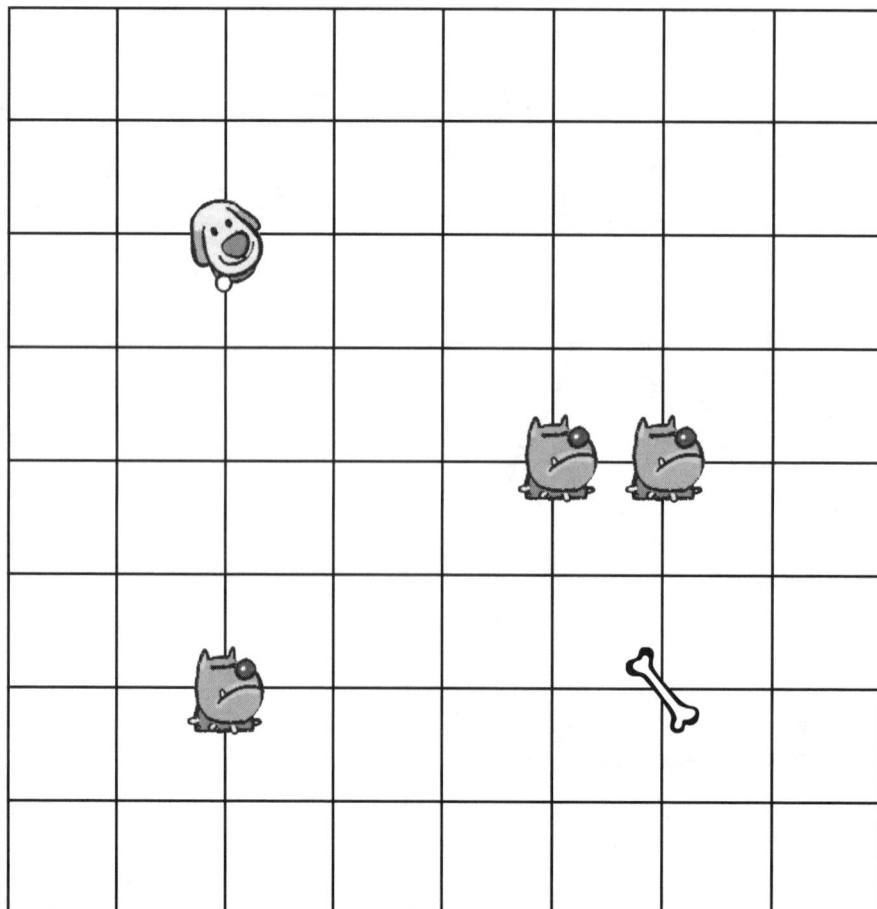

Tracés à la règle

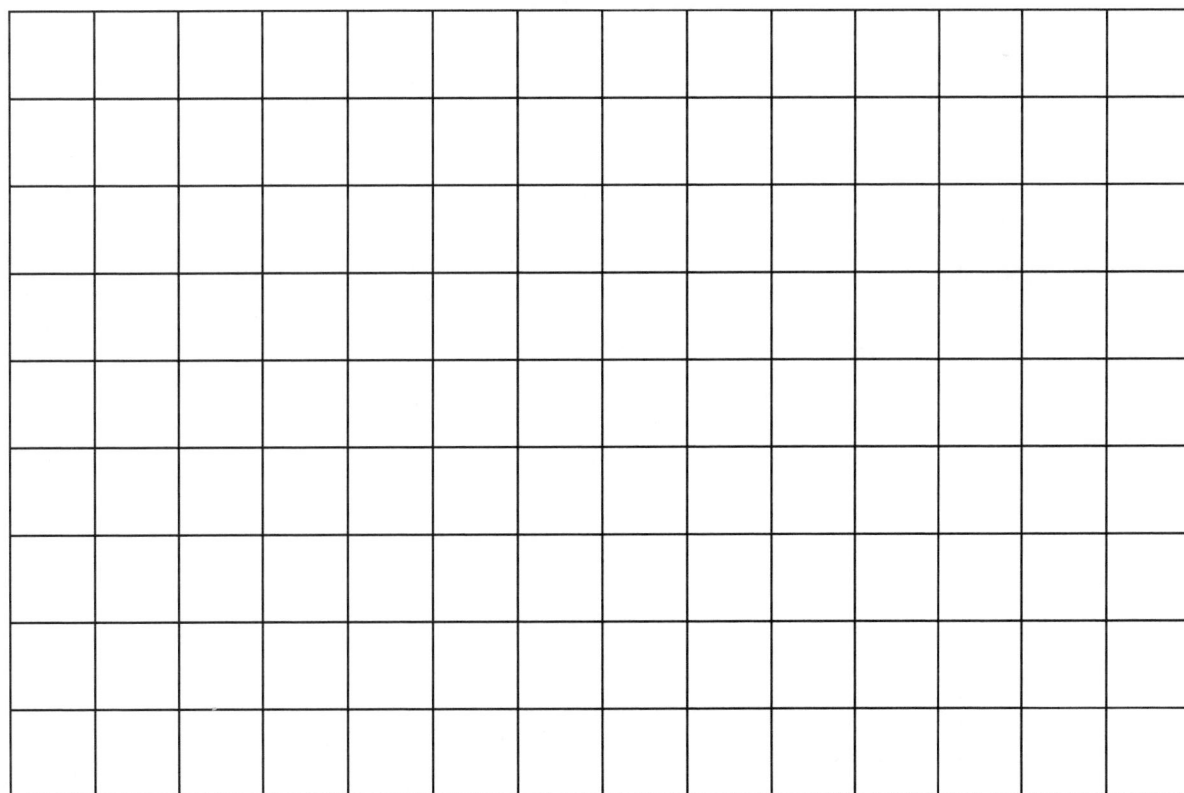

Tracés à la règle

Dessin 1

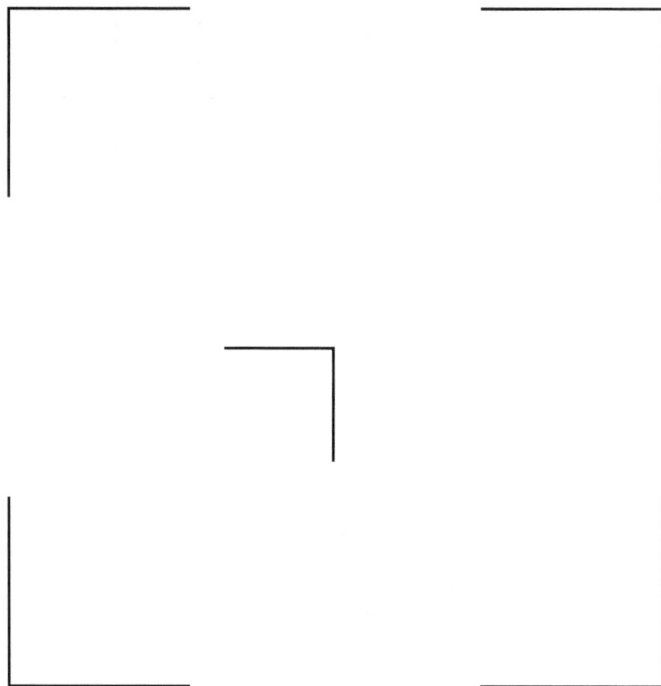

Dessin 2

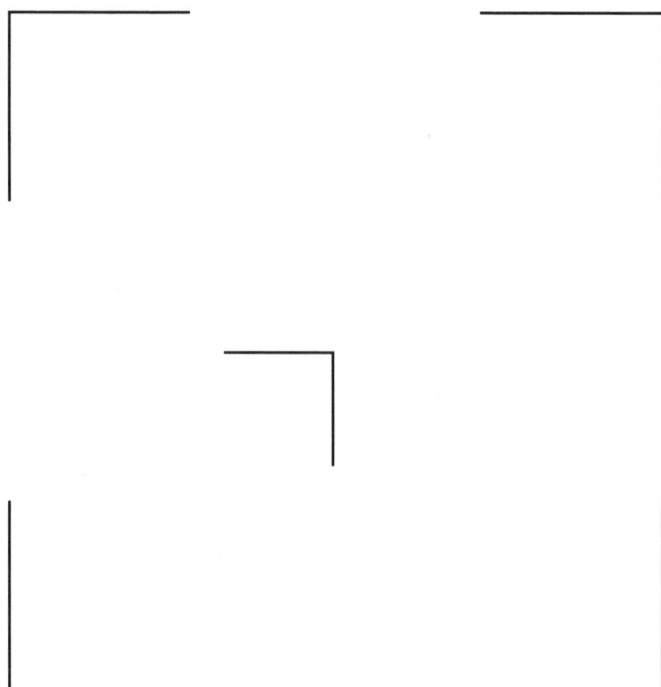

Dénombrer en appui
sur *dix, vingt, trente*

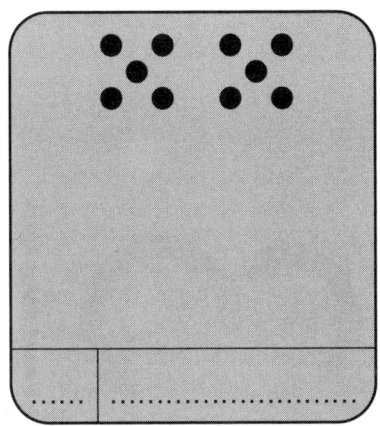

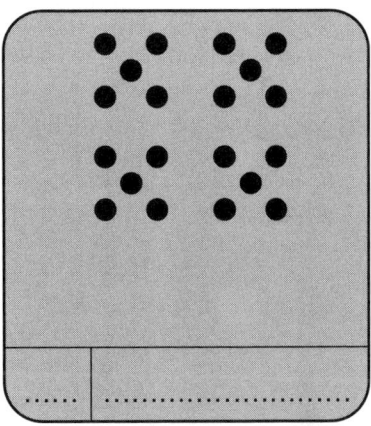

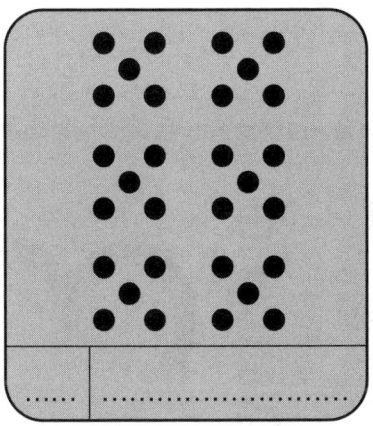

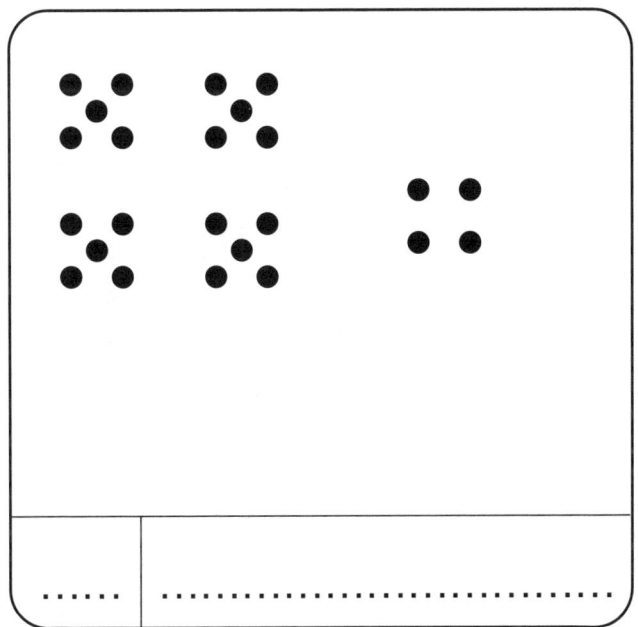

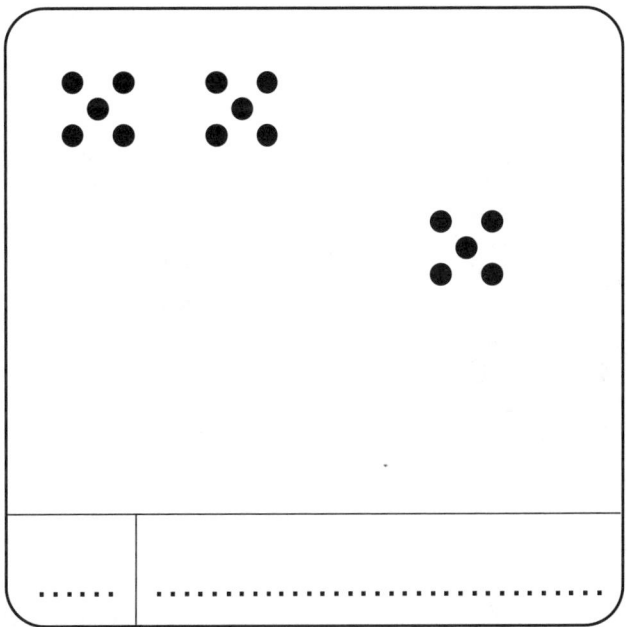

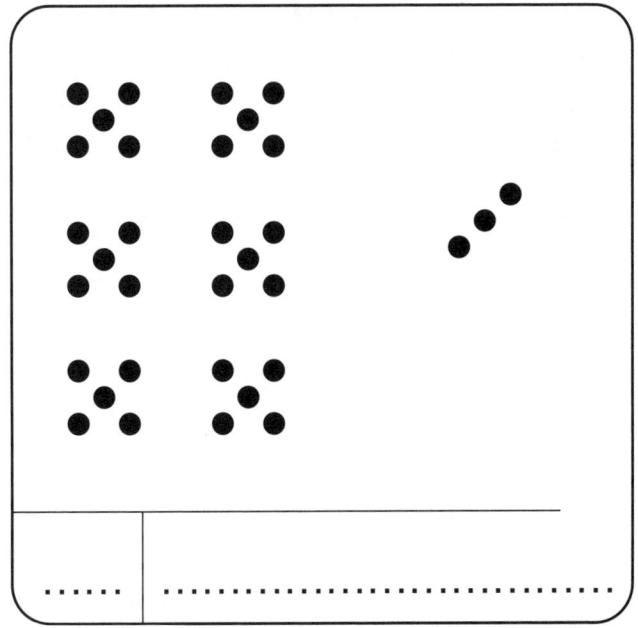

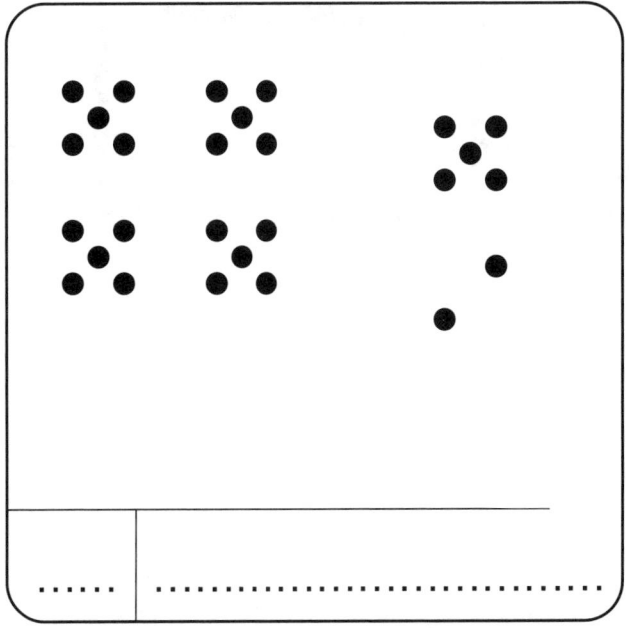

Ajout et retrait
de petits nombres

Avancer de 3 ↑

Reculer de 3 ↓

Avancer de 2 ↑

Reculer de 2 ↓

Avancer de 1 ↑

Reculer de 1 ↓

Catalogue de gabarits

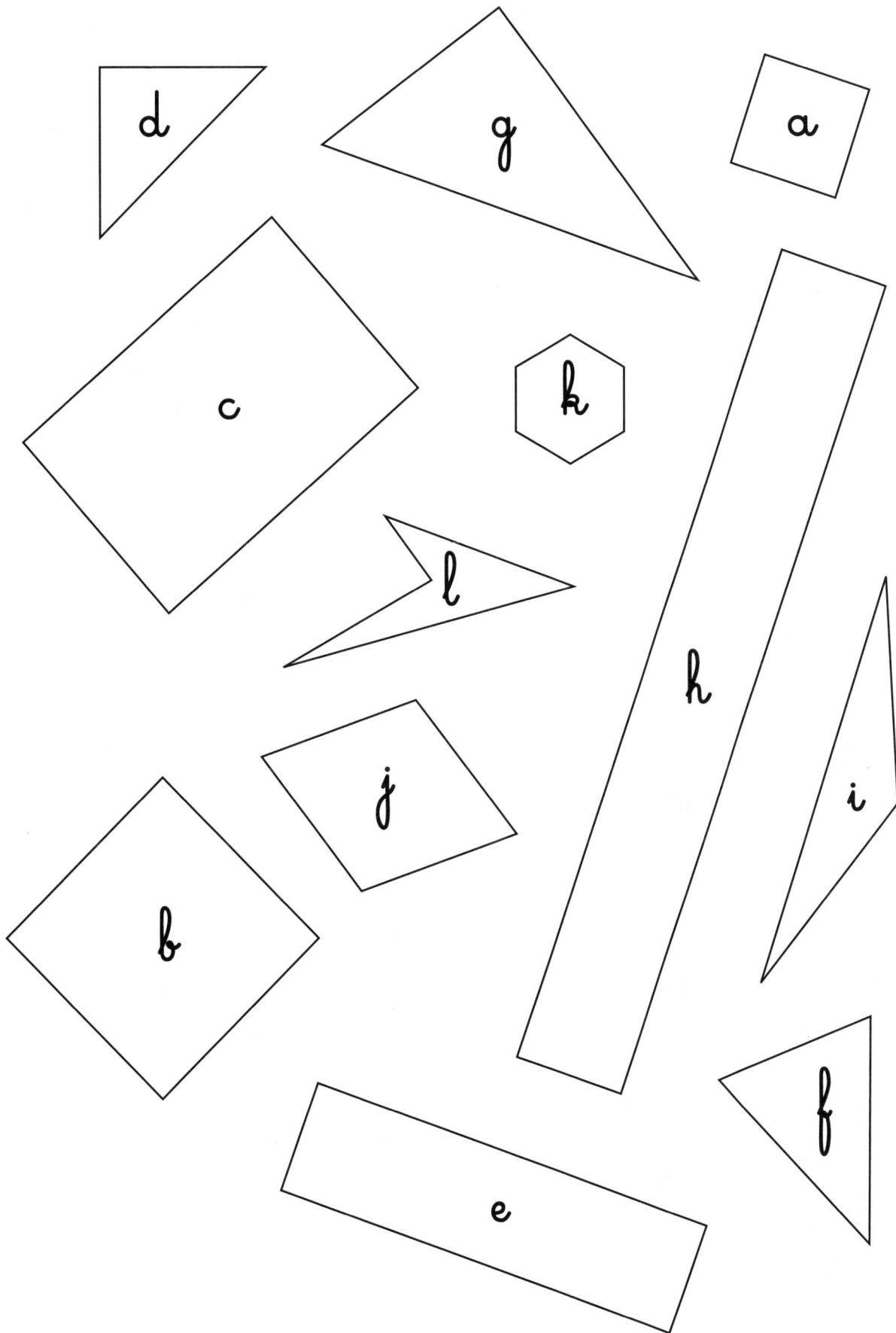

Reconnaître des formes

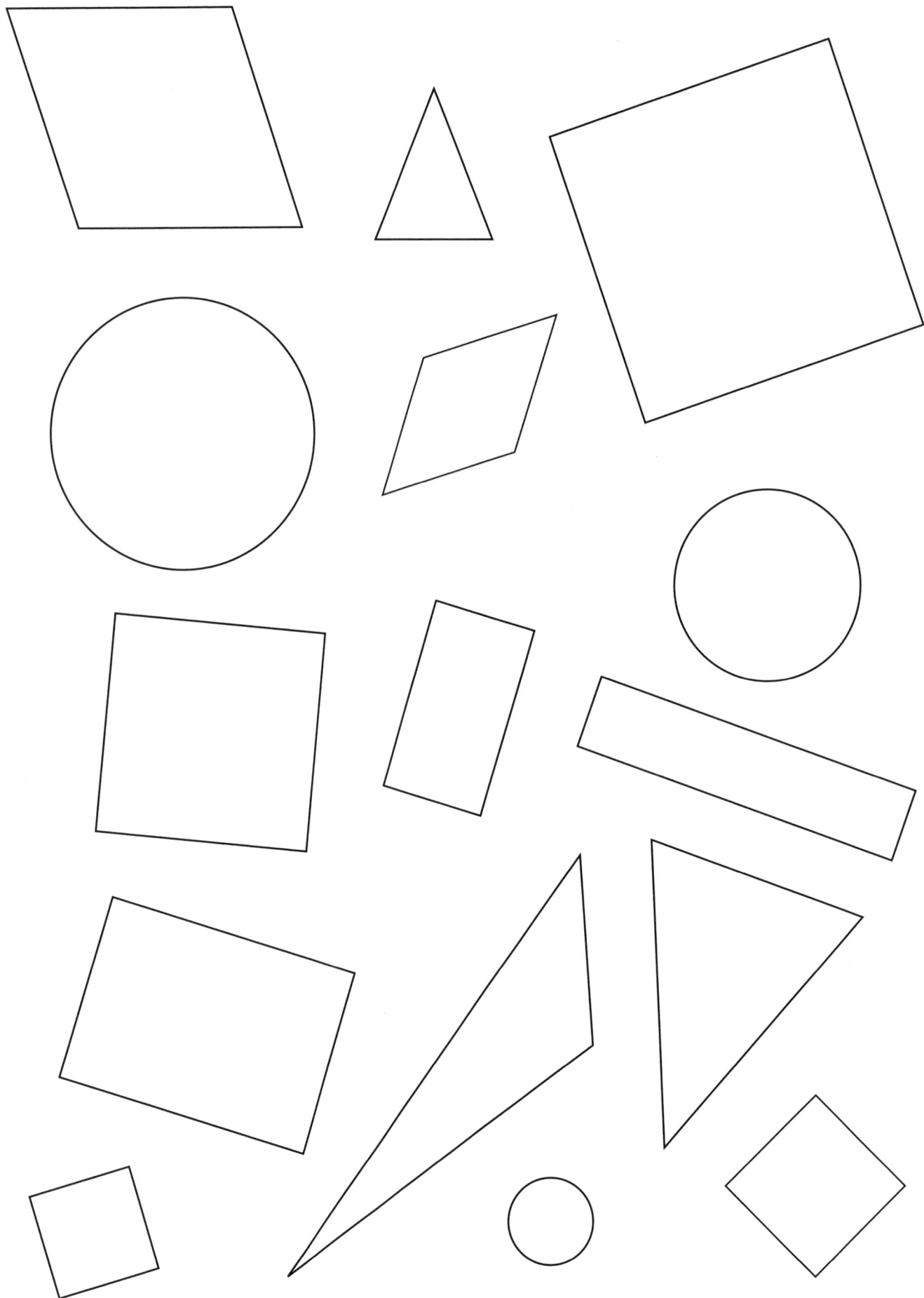

Comparer des longueurs
► *Le jeu des bandes*

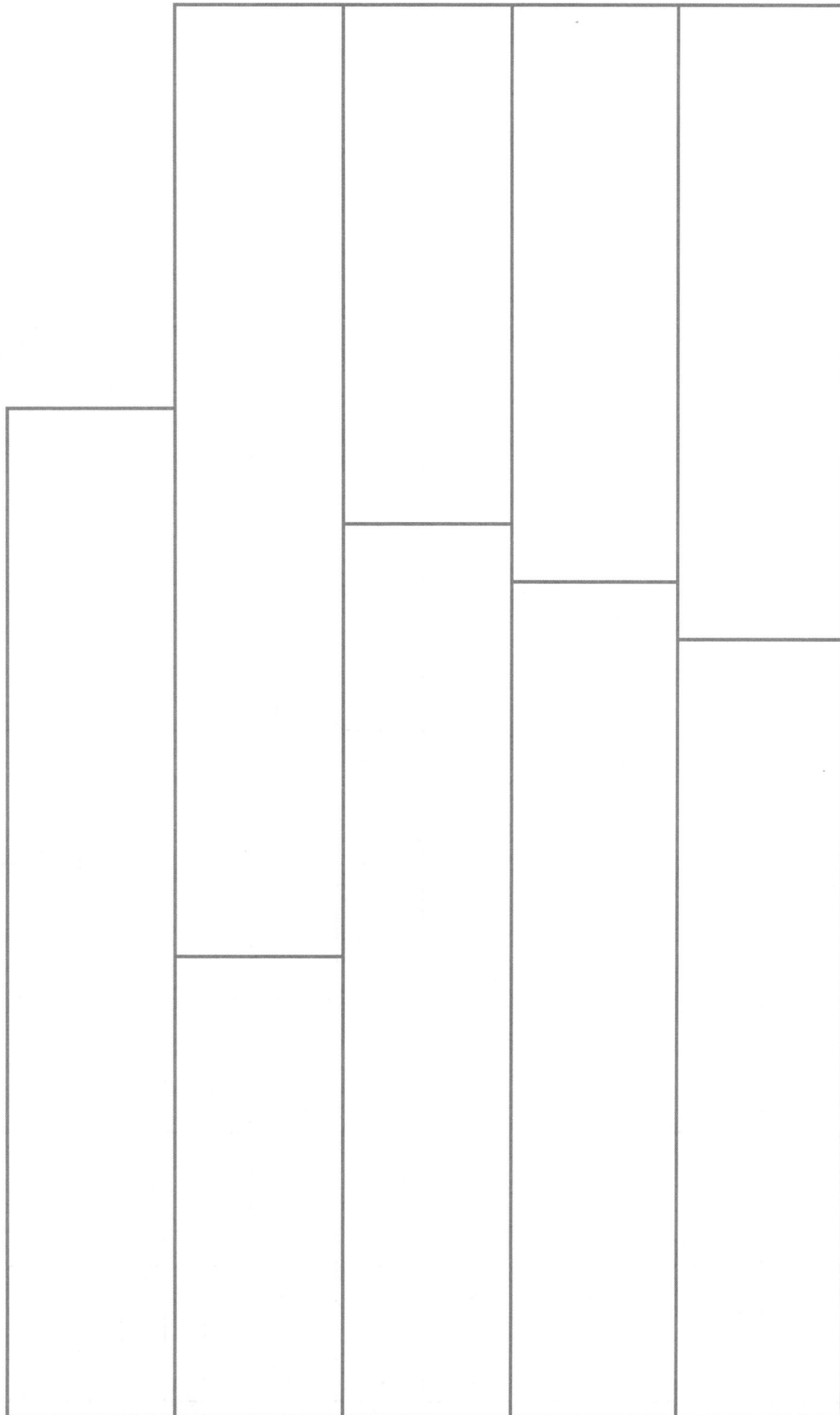

Répertoire additif

0										
1										
2	0+2	1+1	2+0							
3	0+3	1+2	2+1	3+0						
4	0+4	1+3	2+2	3+1	4+0					
5	0+5	1+4	2+3	3+2	4+1	5+0				
6	0+6	1+5	2+4	3+3	4+2	5+1	6+0			
7										
8										
9										
10	0+10	1+9	2+8	3+7	4+6	5+5	6+4	7+3	8+2	9+1	10+0

Répertoire additif

0	1	2	3	4	5	6	7	8	9	10
0+0	0+1	0+2	0+3	0+4	0+5	0+6	0+7	0+8	0+9	0+10
	1+0	1+1	1+2	1+3	1+4	1+5	1+6	1+7	1+8	1+9
		2+0	2+1	2+2	2+3	2+4	2+5	2+6	2+7	2+8
			3+0	3+1	3+2	3+3	3+4	3+5	3+6	3+7
				4+0	4+1	4+2	4+3	4+4	4+5	4+6
					5+0	5+1	5+2	5+3	5+4	5+5
						6+0	6+1	6+2	6+3	6+4
							7+0	7+1	7+2	7+3
								8+0	8+1	8+2
									9+0	9+1
										10+0

Répertoire additif

9										

9										

8										

0										

8										

0										

7										

1										

7										

1										

Cartes crayons

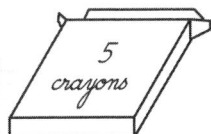

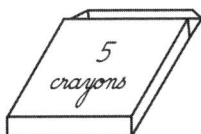

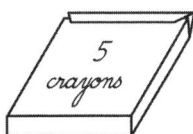

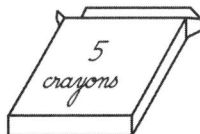

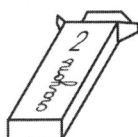

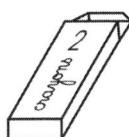

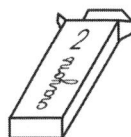

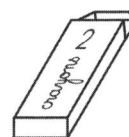

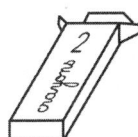

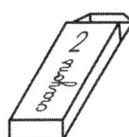

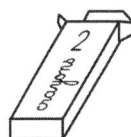

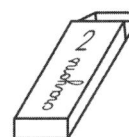

Comparer des longueurs
▶ *C'est quelle bande ?*

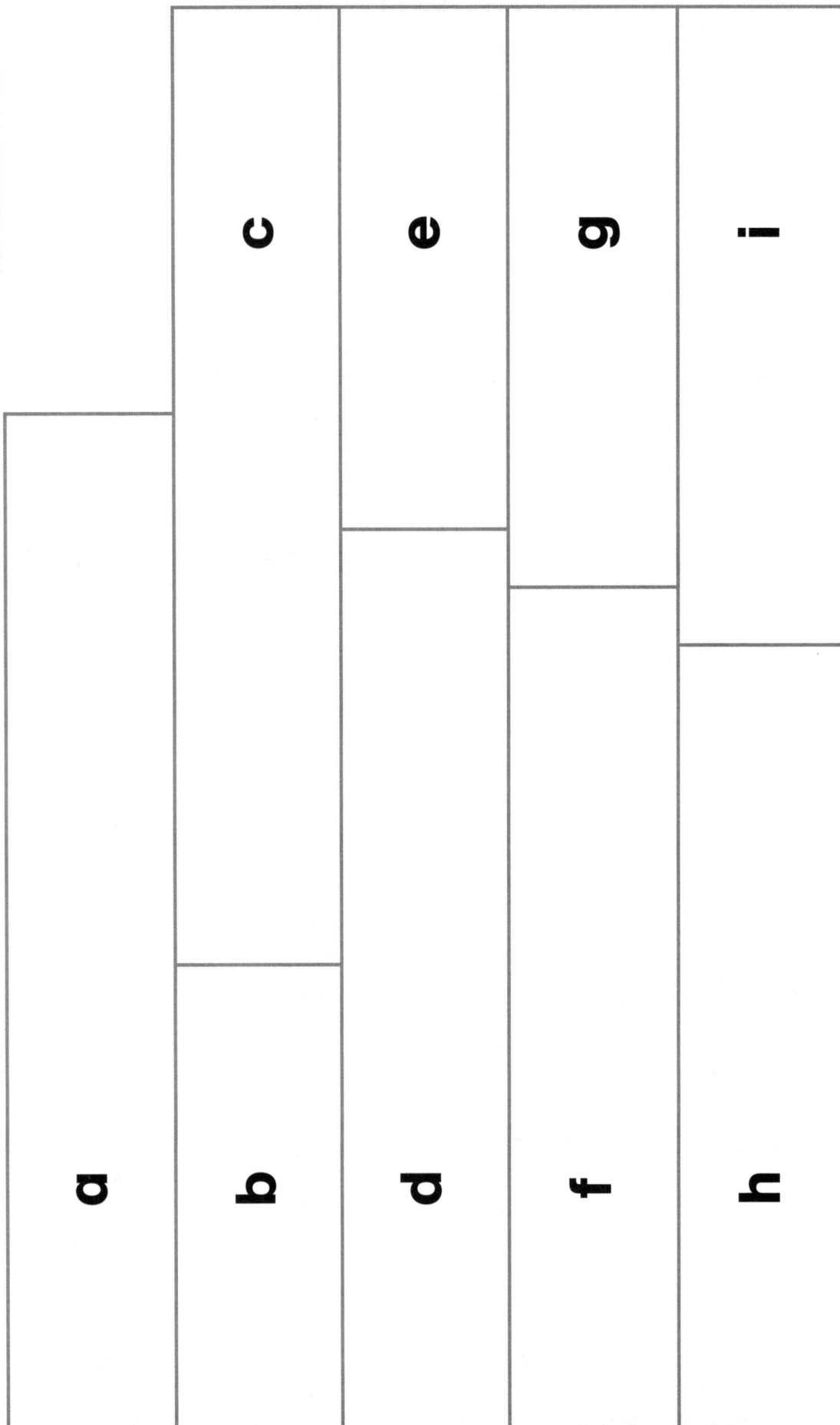

Photocopier au verso de cette fiche la bande n° 1, n° 2, n° 3 ou n° 4 des fiches 25 ou 26.

a

b

c

d

e

f

g

h

i

Comparer des longueurs
► C'est quelle bande ?

Bande n°1 à photocopier
seule au verso de la fiche 24.

Bande n°2 à photocopier
seule au verso de la fiche 24.

Bande
n° 1

Bande
n° 2

Comparer des longueurs
▶ C'est quelle bande ?

Bande n° 3 à photocopier
seule au verso de la fiche 24.

Bande n° 4 à photocopier
seule au verso de la fiche 24.

Bande
n° 3

Bande
n° 4

▶ *La punta*

1	•
2	••
3	•••

▶ *La punta*

▶ *La punta*

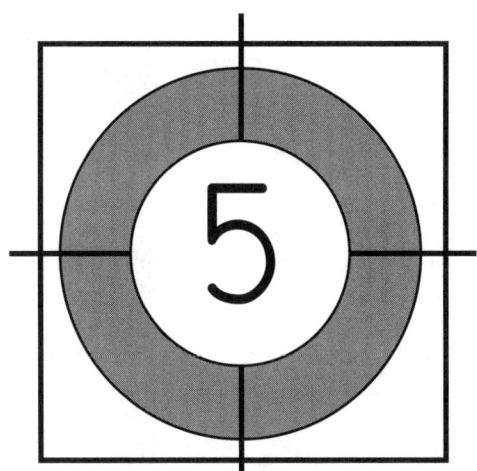 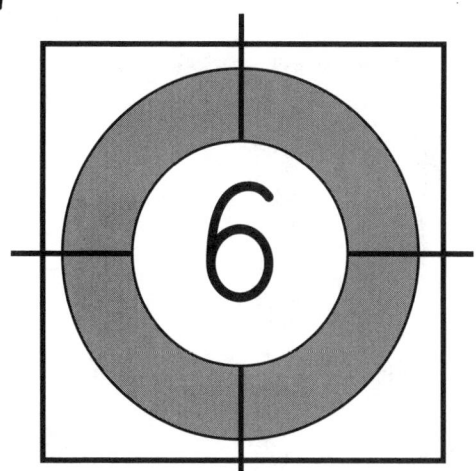

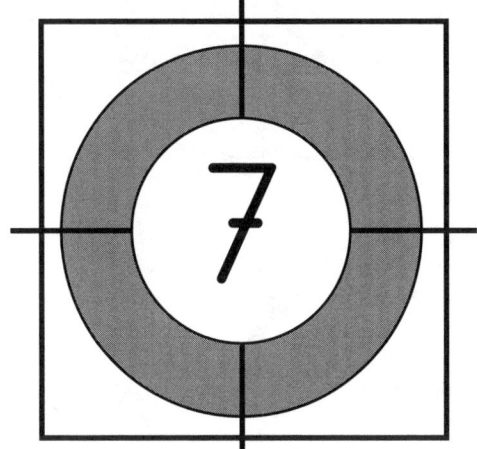 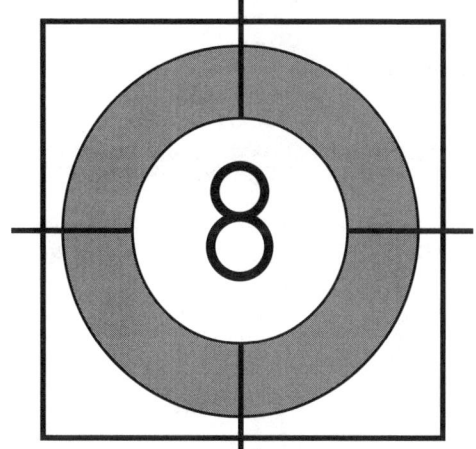

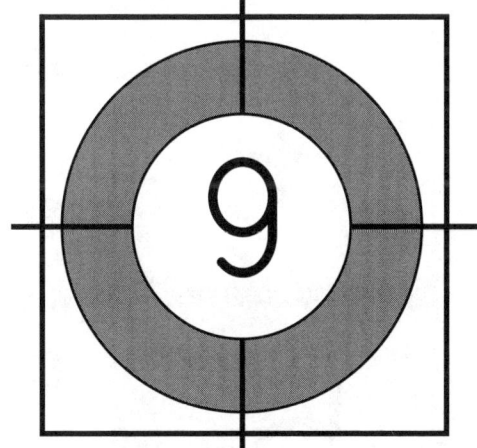 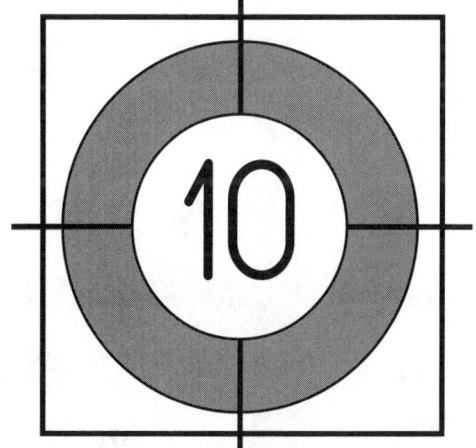

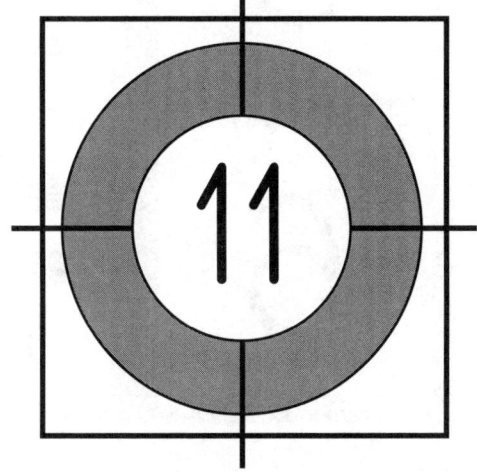 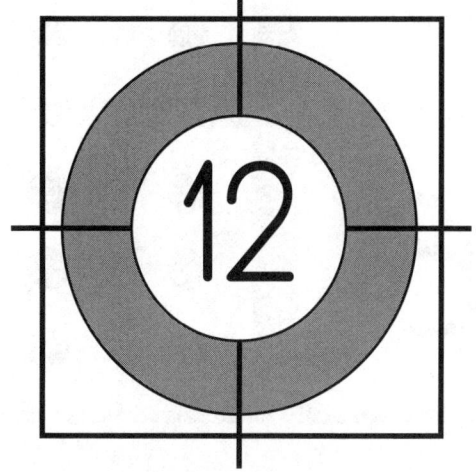

► *La punta*

1	•	1	•
2		2	
3		3	
4		4	
5		5	
6		6	

Suite écrite et orale
des nombres jusqu'à 59

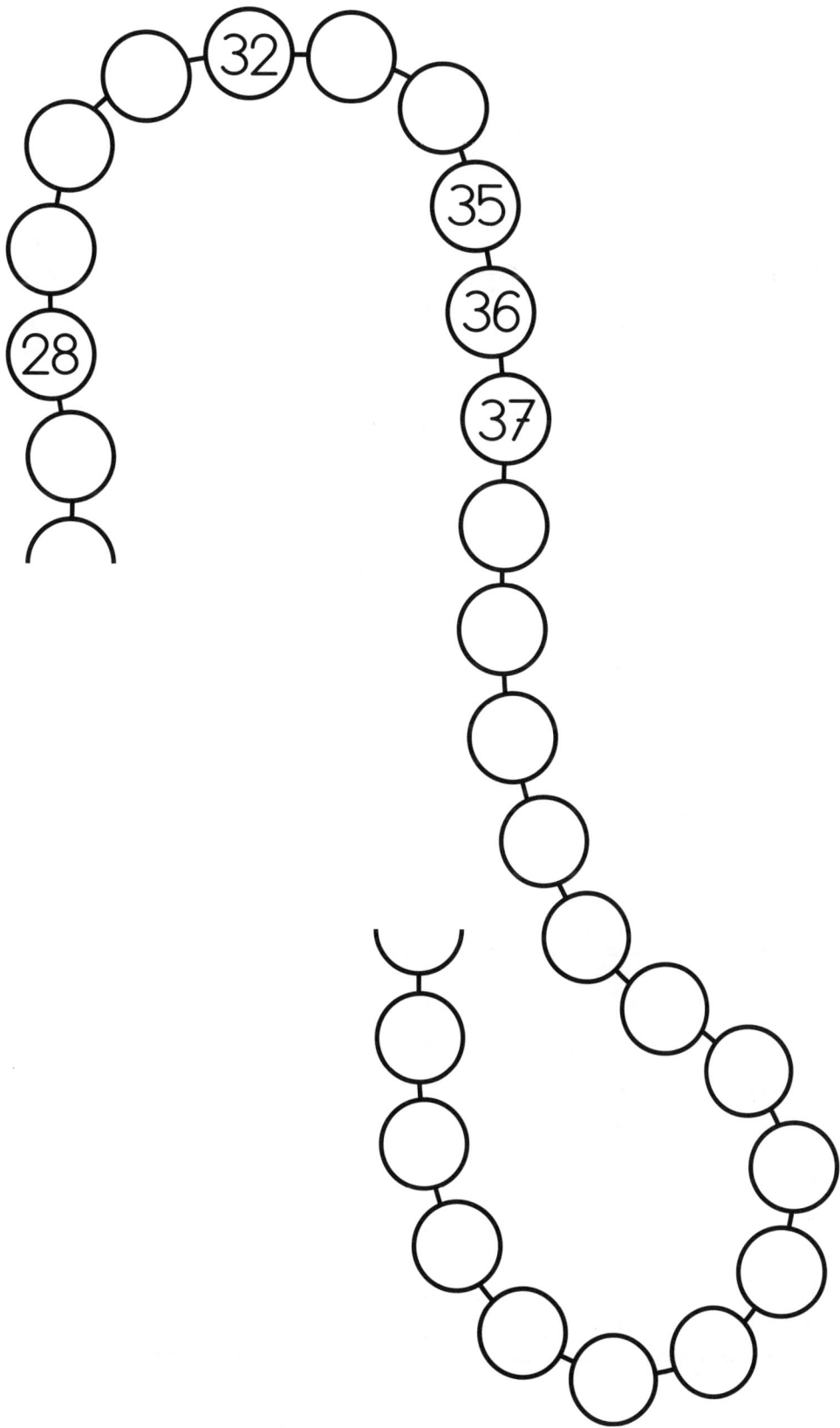

Mesurer des longueurs par report de l'unité
▶ *Les bandes colorées*

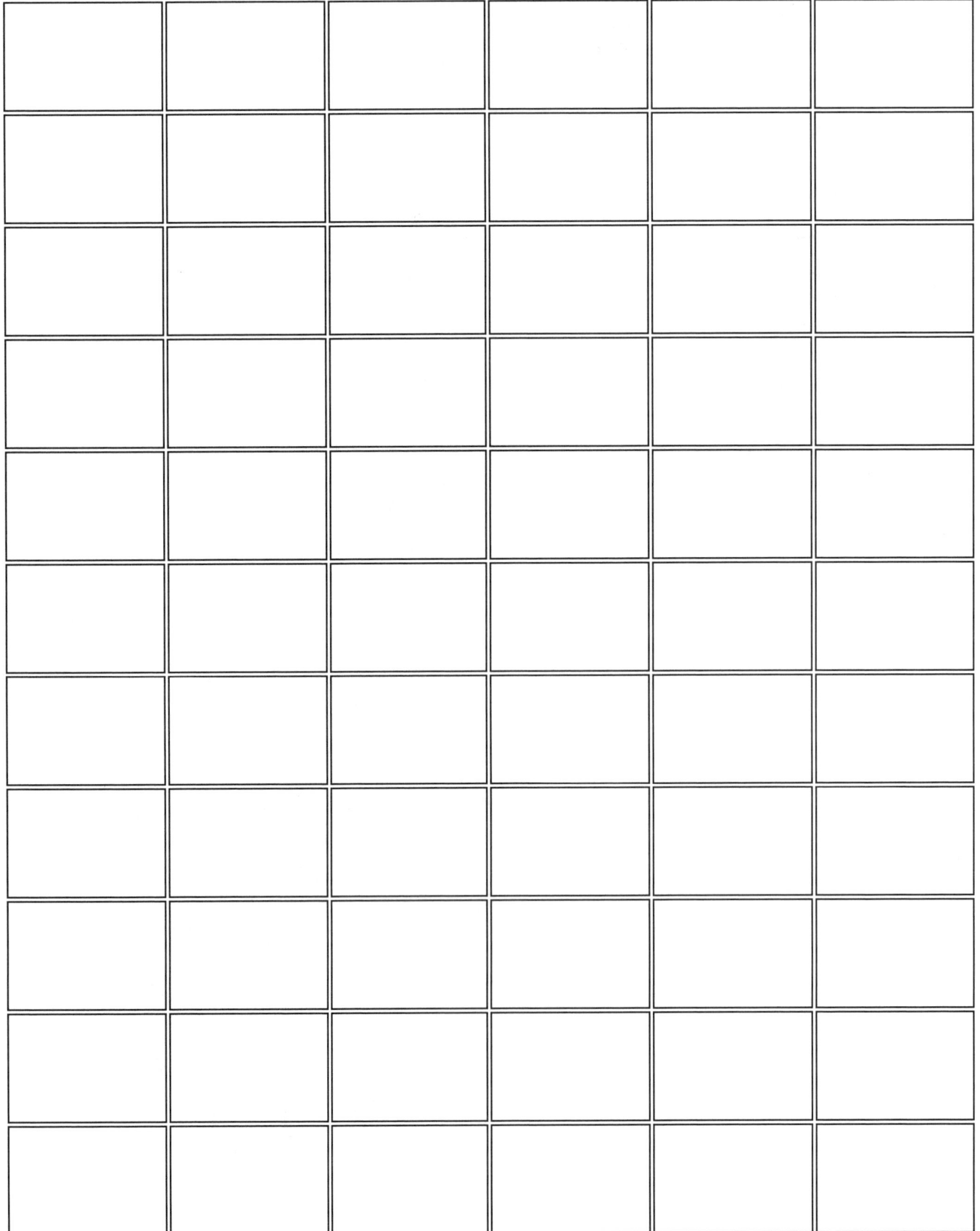

A photocopier sur du papier de couleur bleue.

Mesurer des longueurs
par report de l'unité
▶ *Les bandes colorées*

Fiche A

Fiche B

Mesurer des longueurs
par report de l'unité
▶ *Les bandes colorées*

Fiche C

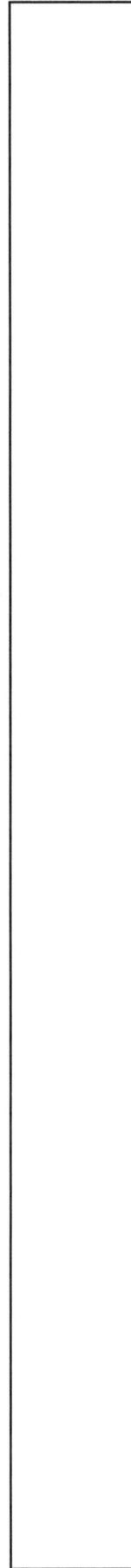

Il faut .... bandes bleues.

Fiche D

Il faut .... bandes bleues.

Mesurer des longueurs
par report de l'unité
► Les bandes colorées

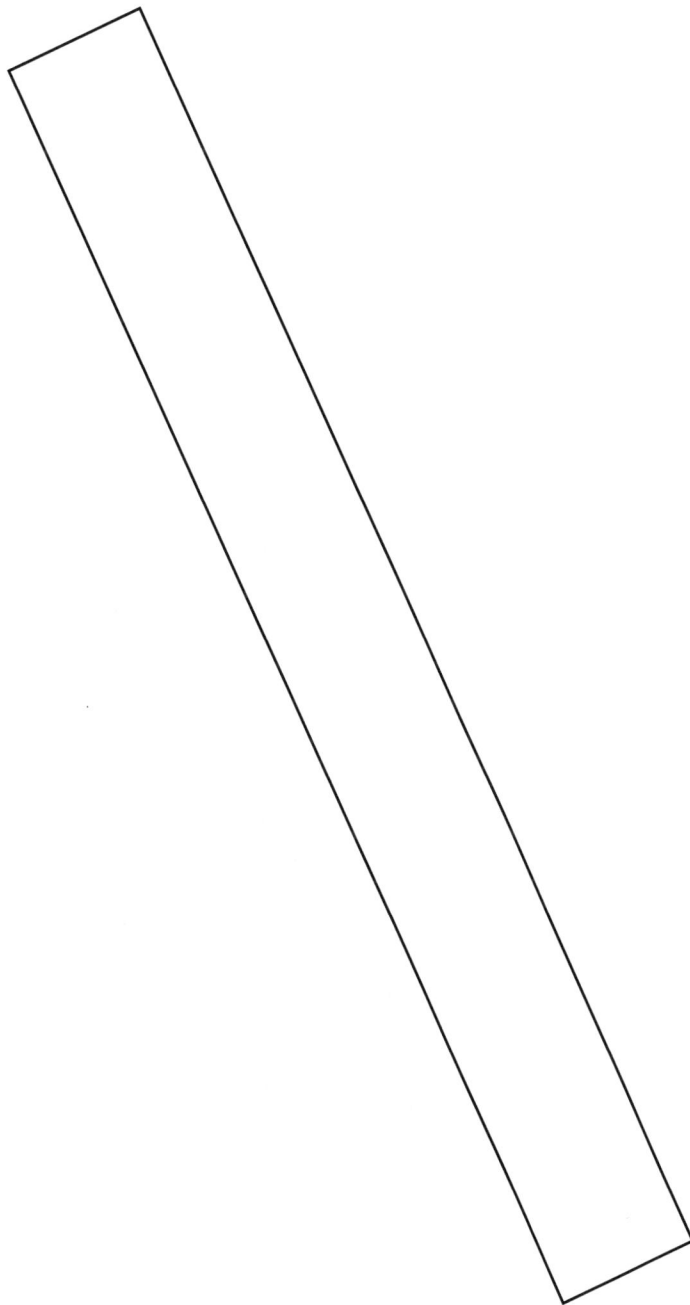

Mesurer des longueurs
par report de l'unité
► Les bandes colorées

A photocopier sur du papier de couleur verte.

Le Grand Ziglotron

Le Grand Ziglotron

Le Grand Ziglotron

Le Grand Ziglotron

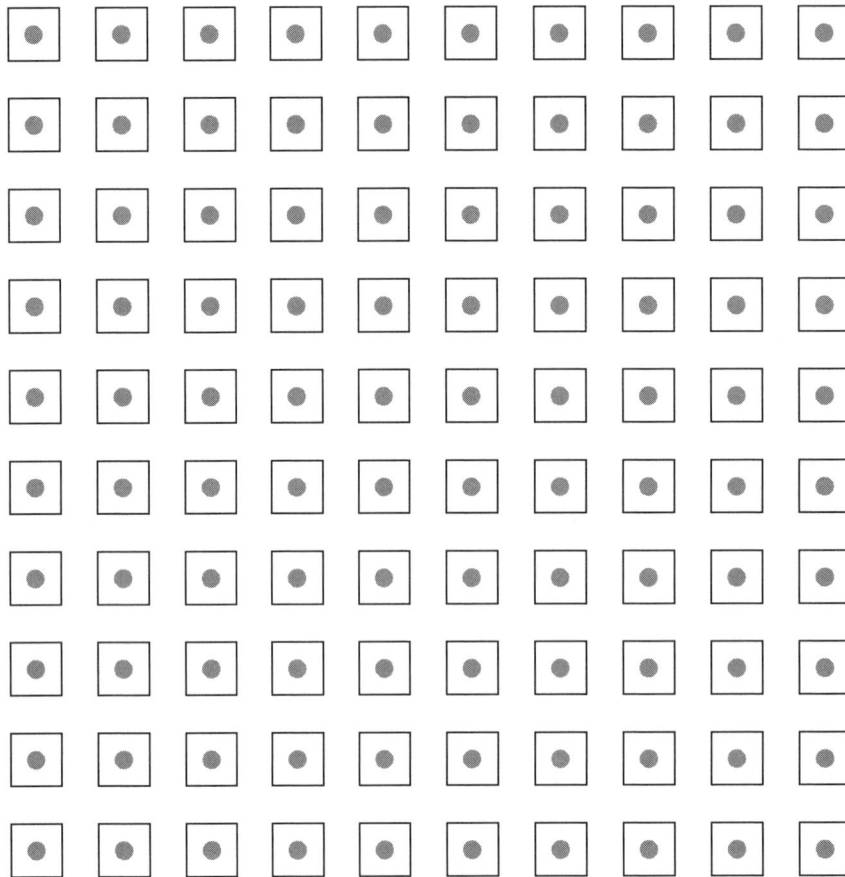

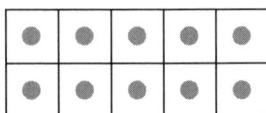

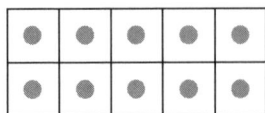

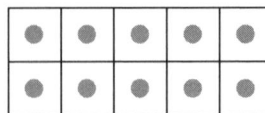

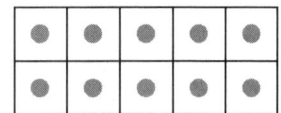

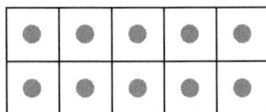

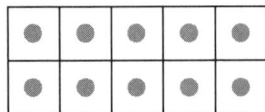

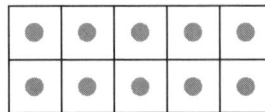

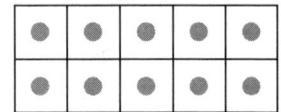

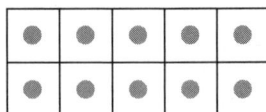

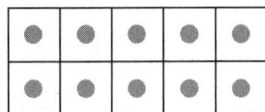

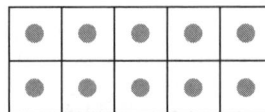

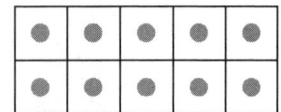

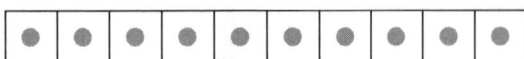

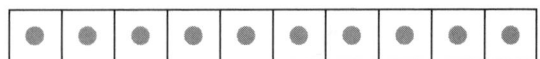

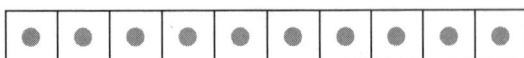

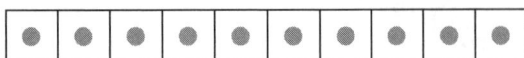

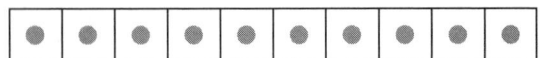

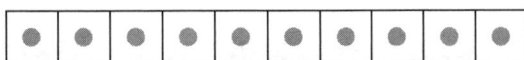

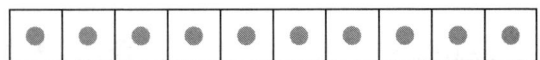

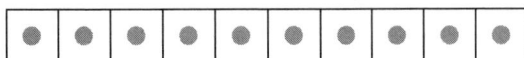

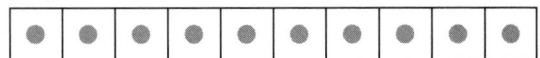

Le Grand Ziglotron

Le Grand Ziglotron

Le Grand Ziglotron

Le Grand Ziglotron

Jl faut ……… boutons.

Notre commande :

……… paquets de dix boutons,

……… boutons.

Jl faut ……… boutons.

Notre commande :

……… paquets de dix boutons,

……… boutons.

Jl faut ……… boutons.

Notre commande :

……… paquets de dix boutons,

……… boutons.

Le Grand Ziglotron

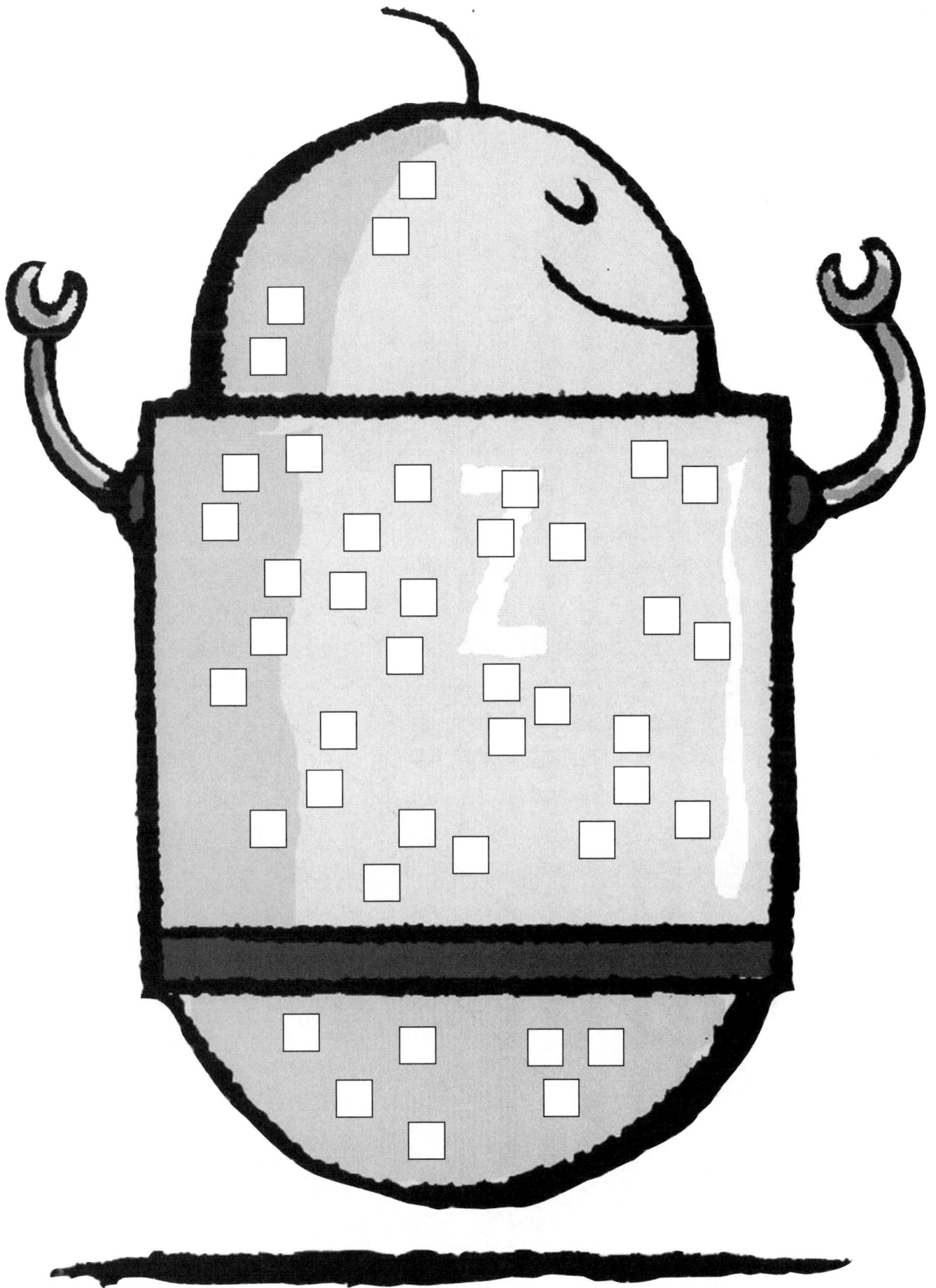

Mesurer des longueurs avec une règle graduée
► Les bandes colorées

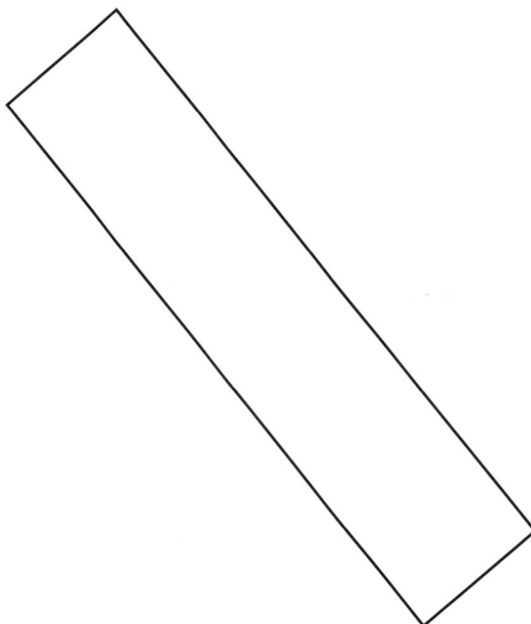

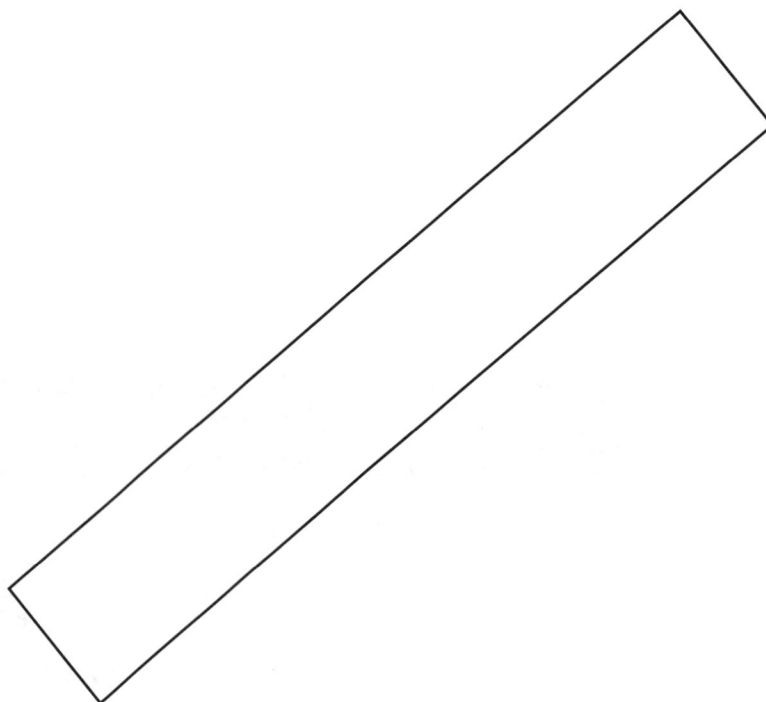

Valeur positionnelle des chiffres
▶ *Les planches de photos*

10

10

Valeur positionnelle des chiffres
▶ Les planches de photos

10

Valeur positionnelle des chiffres
▶ *Les planches de photos*

9

1

10

Valeur positionnelle des chiffres
► Les planches de photos

2

5

6

Valeur positionnelle des chiffres
▶ Les planches de photos

6	12	42	61
8	16	48	62
9	19	49	66

15	21	40	52
18	26	42	55
19	29	48	58

26	42	50	62
28	46	52	66
29	49	58	68

5	20	41	82
6	265	42	85
9	28	45	88

Repérage sur quadrillage
► Le jeu des cases

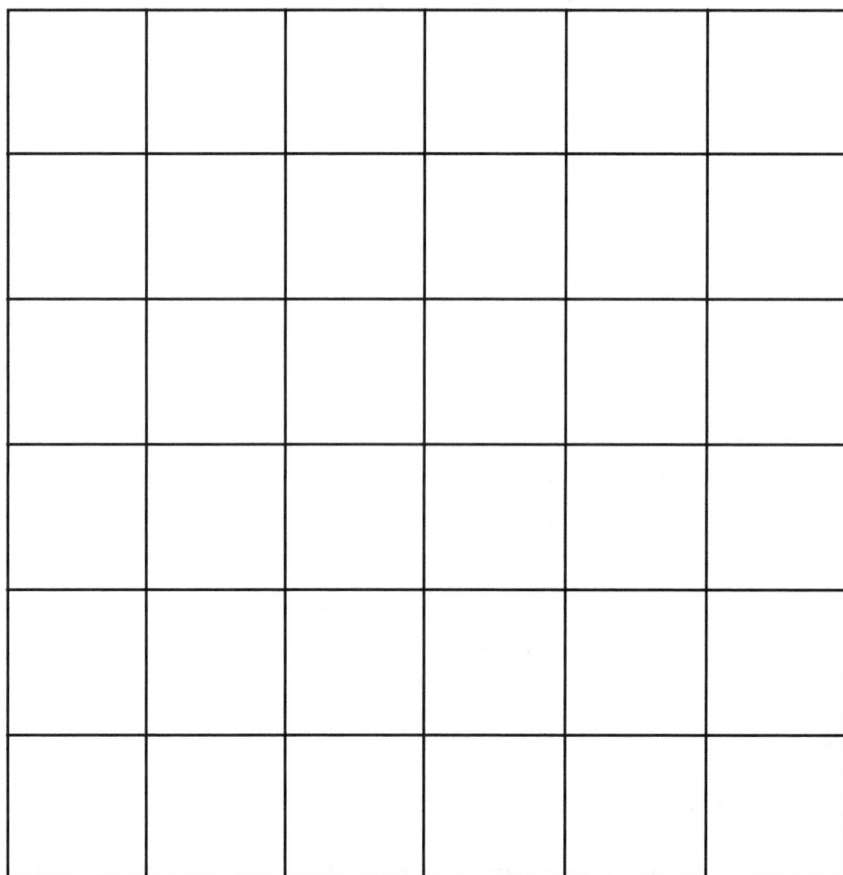

CapMaths

53 BANQUE DE PROBLÈMES N°3
Guide - p.310

Les carrés bicolores

Les carrés bicolores

Mesurer des lignes brisées
▶ La course d'escargots

Chemins A

Arrivée

Arrivée

Départ

Départ

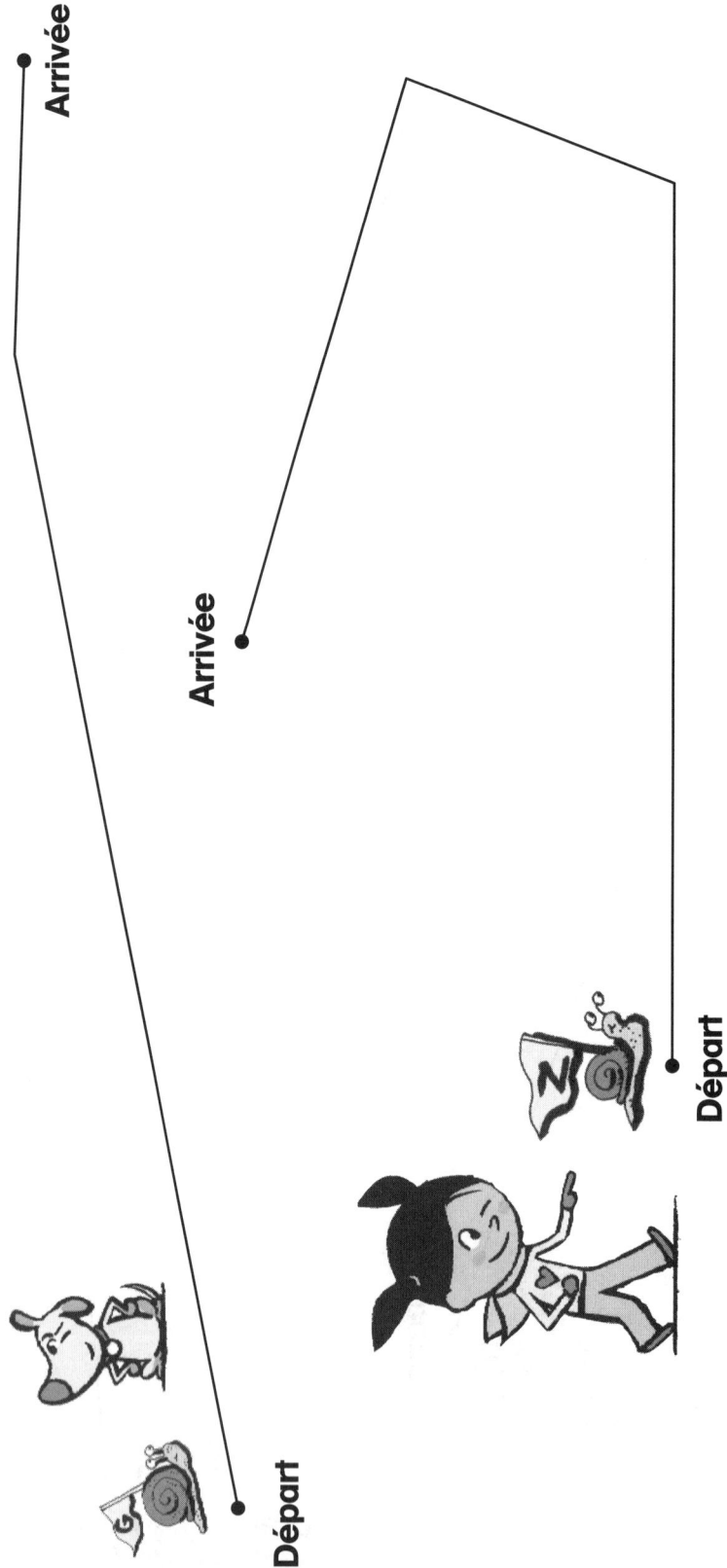

Mesurer des lignes brisées
► La course d'escargots

Chemins B

Arrivée

Arrivée

Départ

Départ

Dans un carré

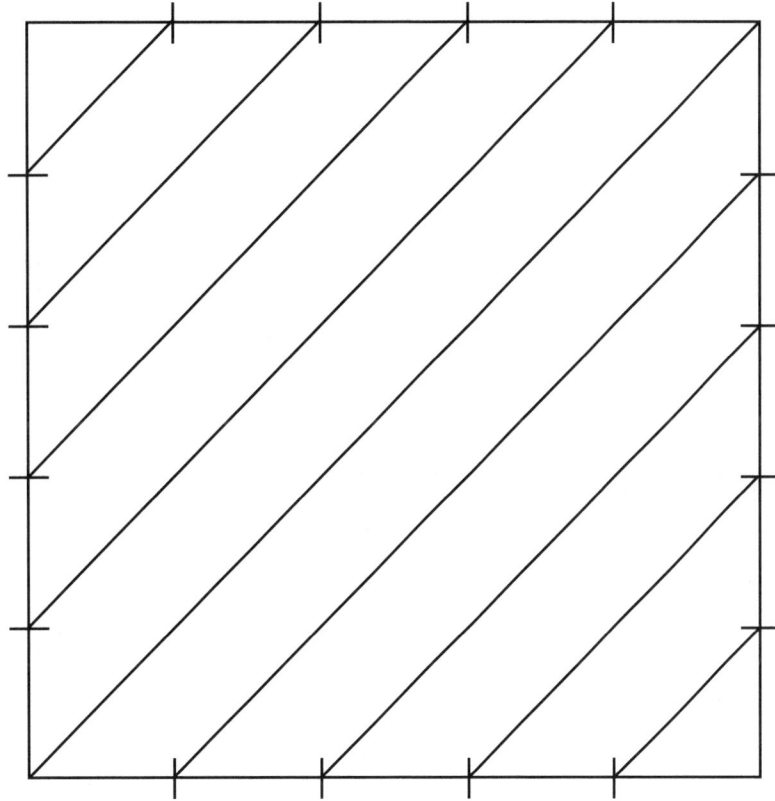

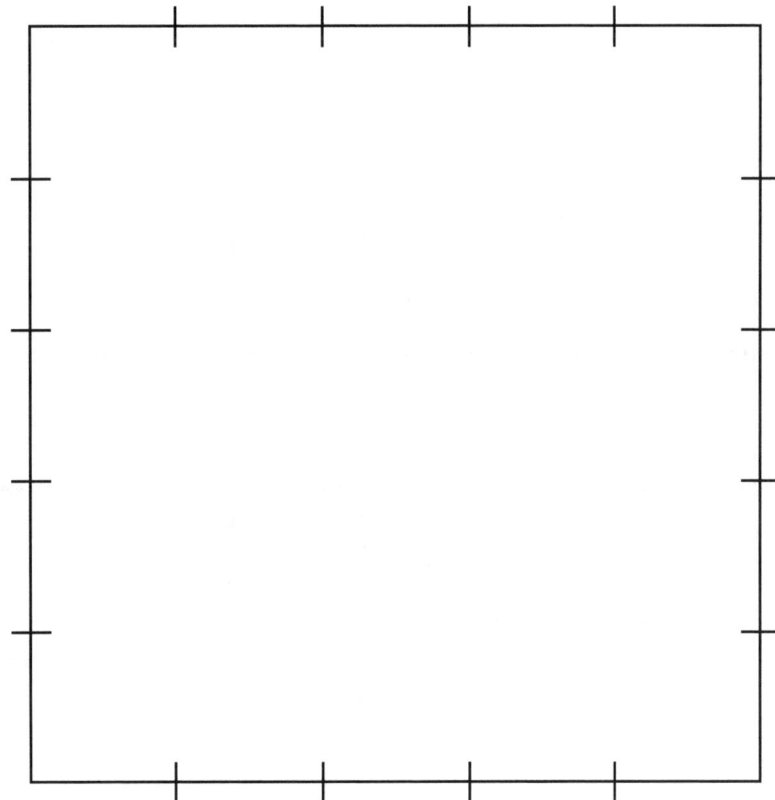

Structuration des nombres de 0 à 99
► Le grand bazar des nombres

		2				7		
		23						
		33				37		39
50						57		
			64					
								79
							88	
				95				

Structuration des nombres de 0 à 99
► Le grand bazar des nombres

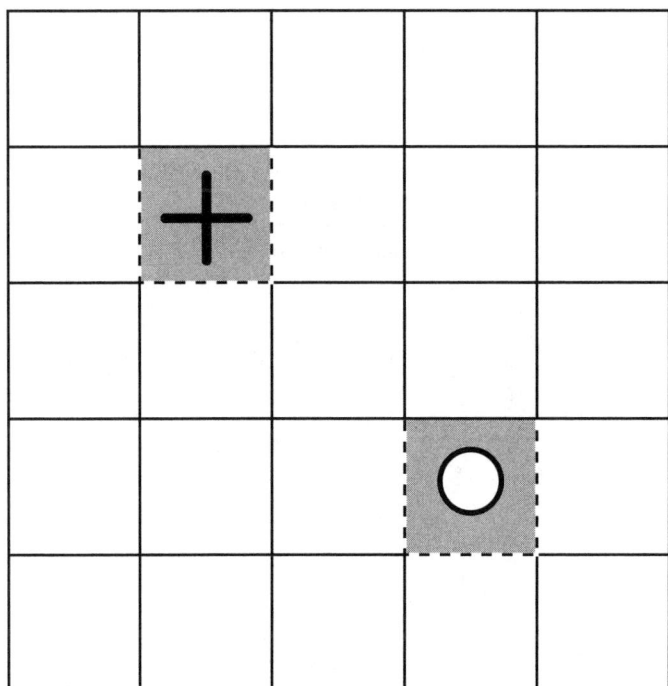

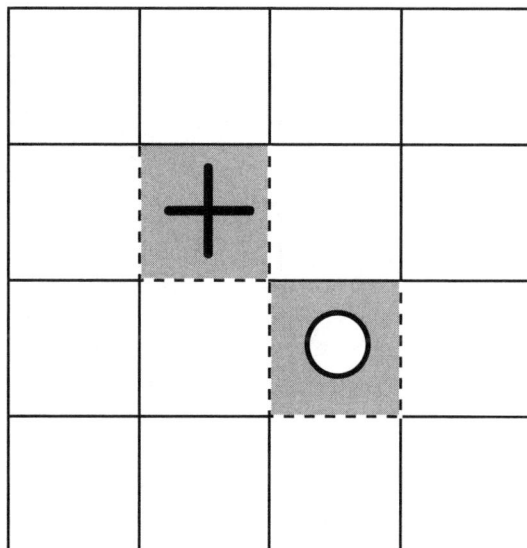

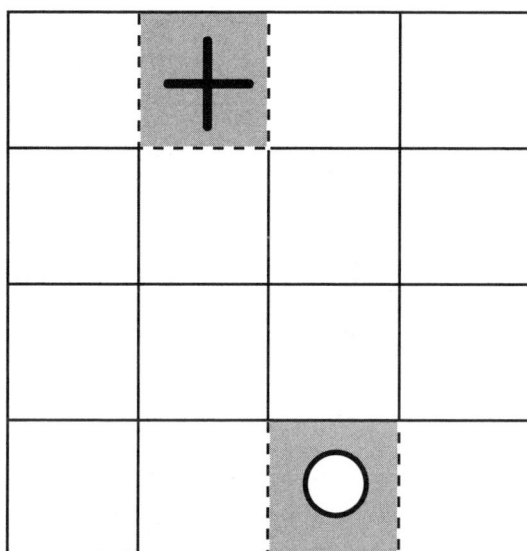

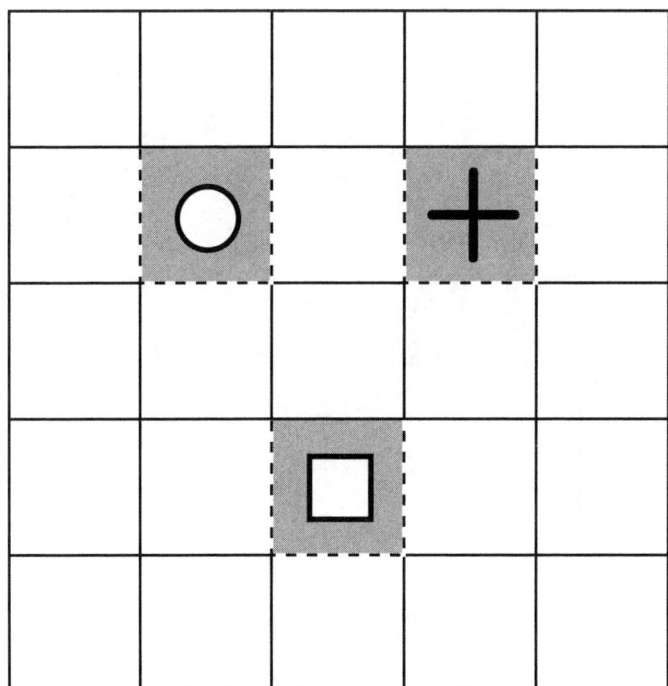

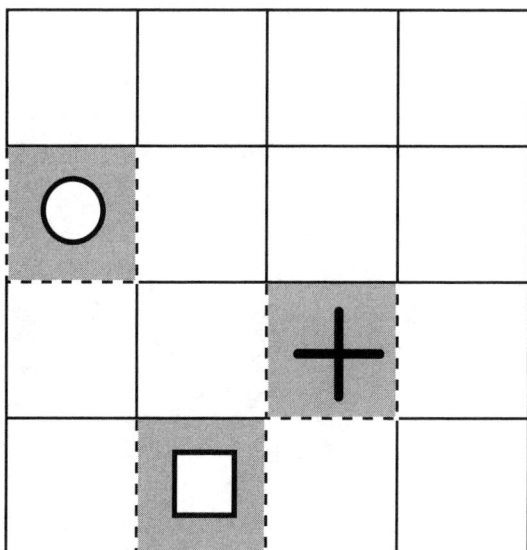

Calcul sur les dizaines
▶ La punta des dizaines

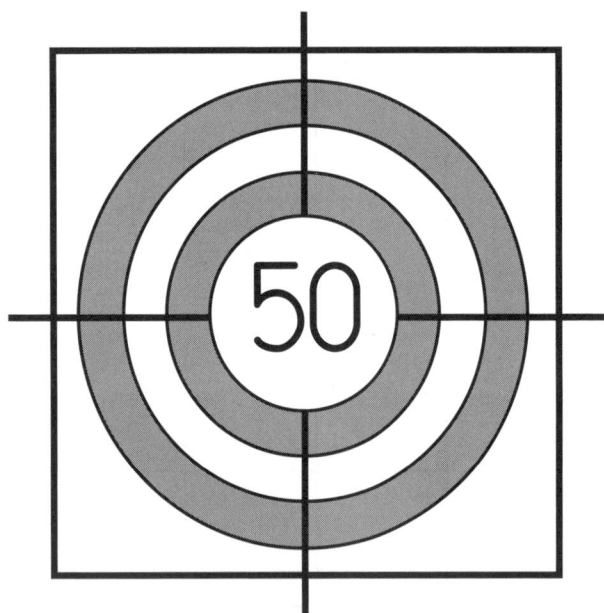

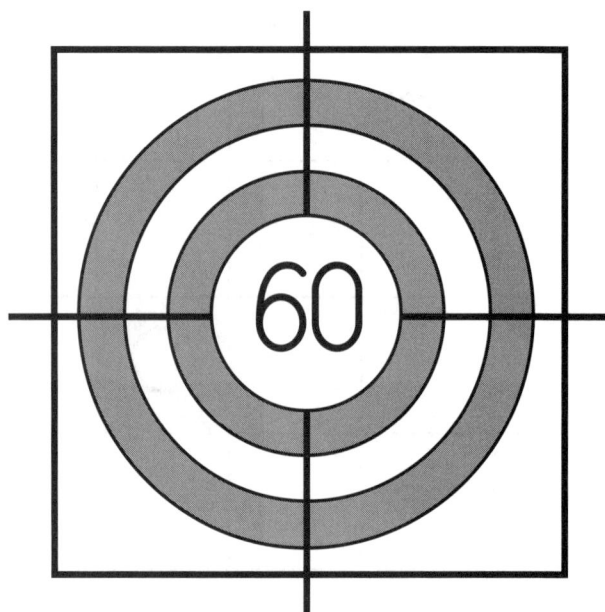

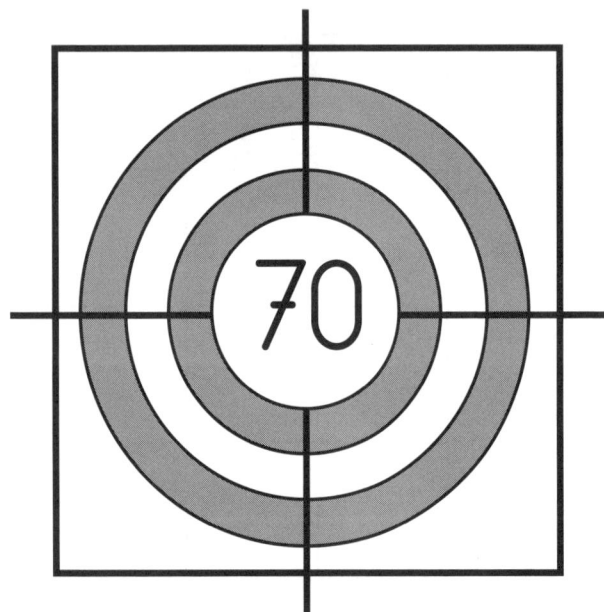

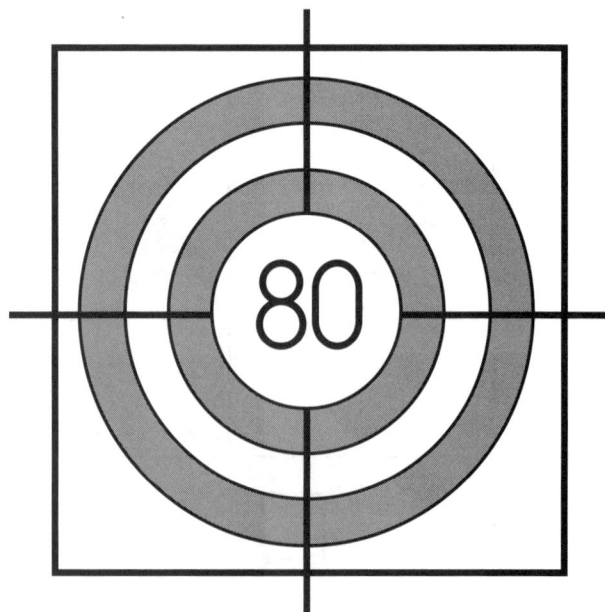

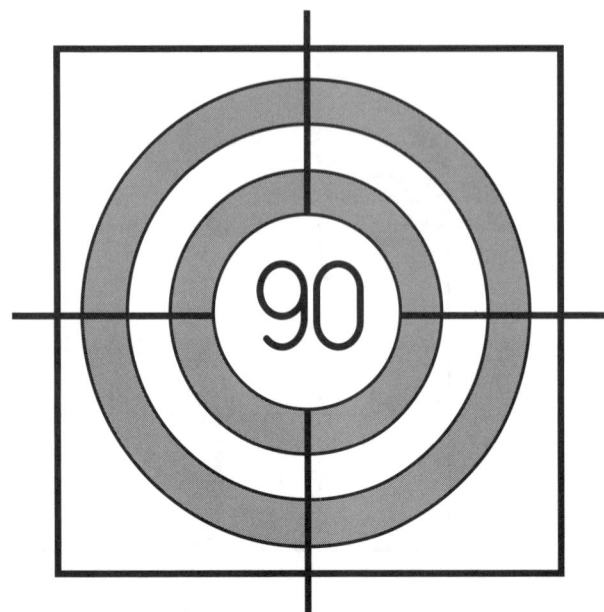

50

60

70

80

90

Calcul sur les dizaines
► La punta des dizaines

Calcul sur les dizaines
▶ La punta des dizaines

20	20
20	20
20	20
20	20
20	20

Calcul sur les dizaines
▶ *La punta des dizaines*

30 30 30 30 30 30 30 30 30 30

Calcul sur les dizaines
▶ La punta des dizaines

40	40
40	40
40	40
40	40
40	40

Dessin sur quadrillage
▶ Le même dessin

Reproduis le dessin sur le quadrilage qui est dessous, à partir du point.

A

Dessin sur quadrillage
▶ Le même dessin

Reproduis le dessin sur le quadrilage qui est dessous.

B

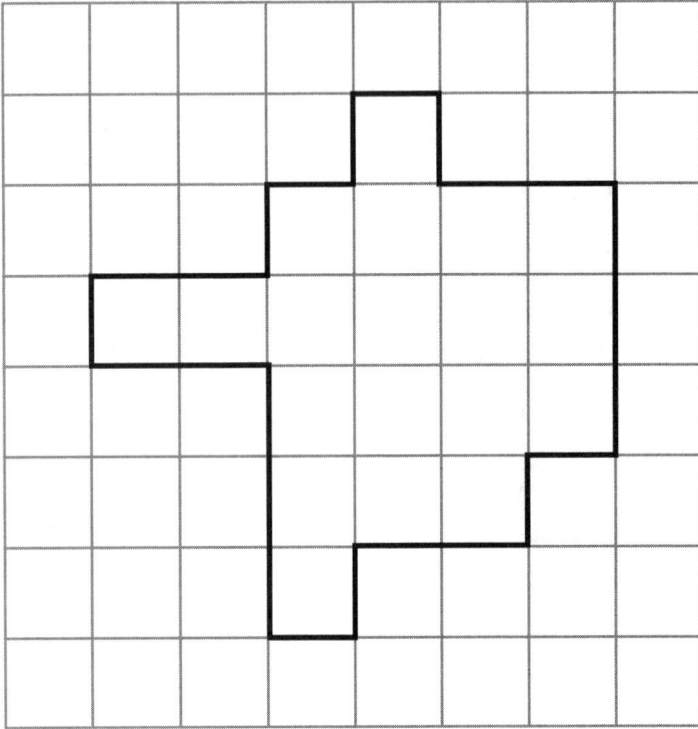

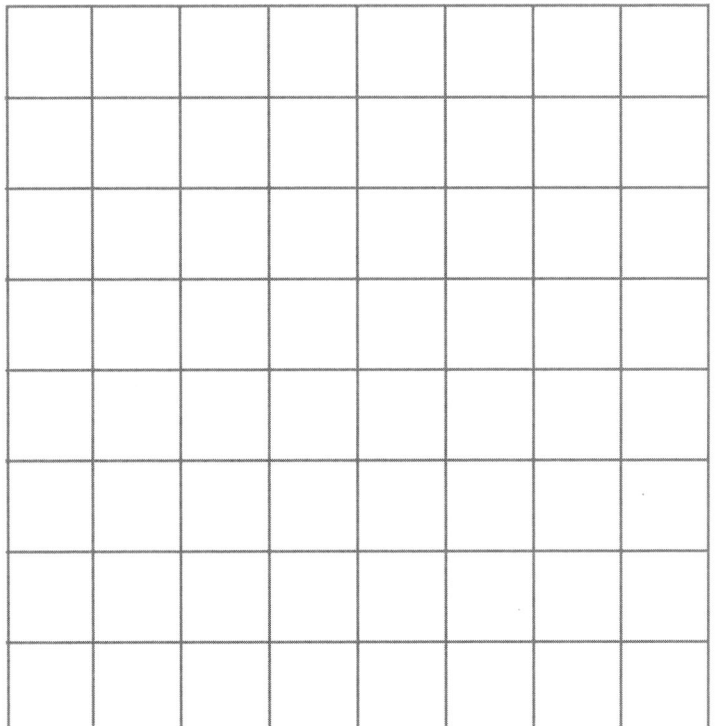

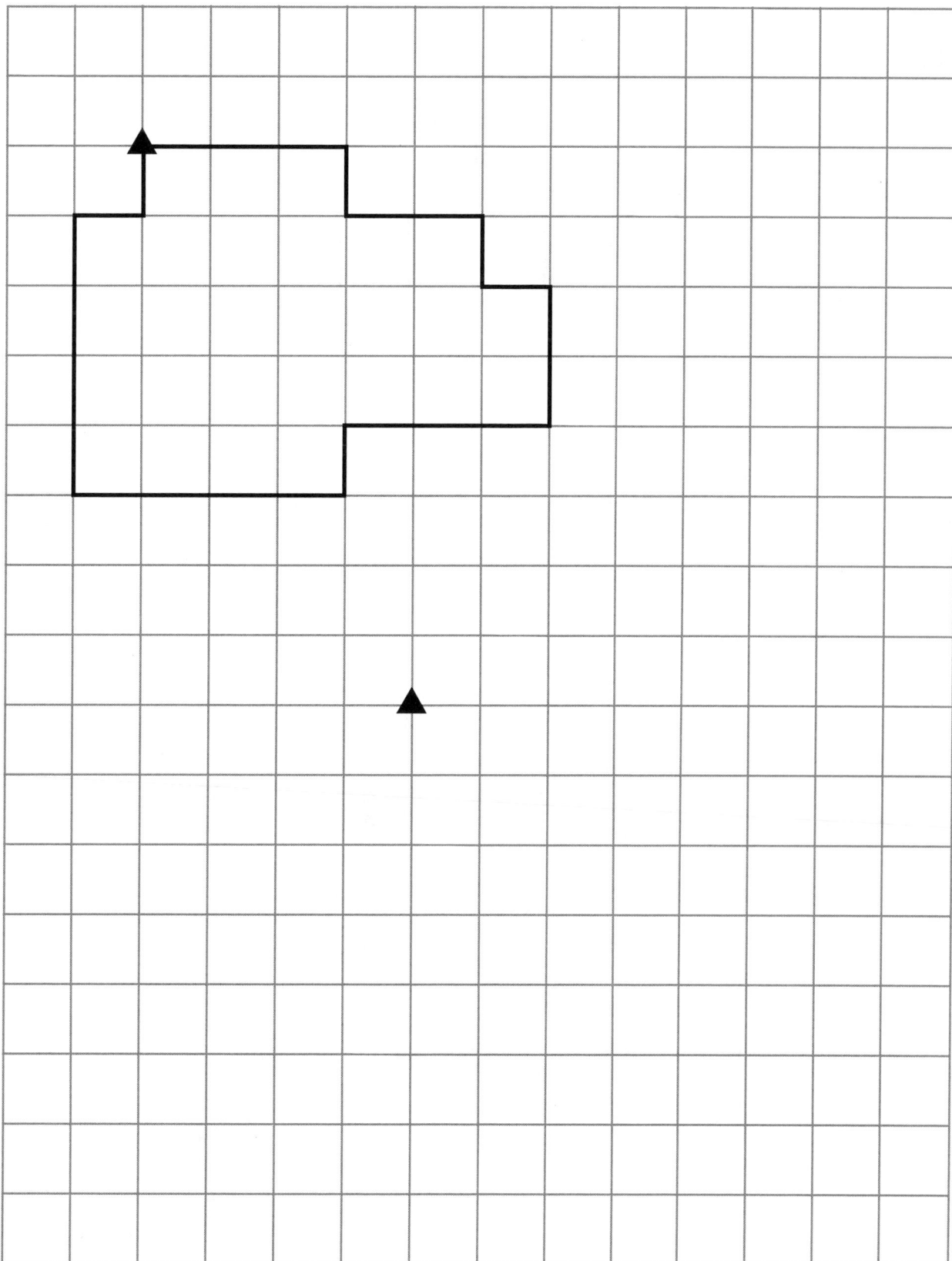

Dessin sur quadrillage
► *Le même dessin*

Reproduis le dessin à partir du triangle.

C

Dessin sur quadrillage
▶ *Le même dessin*

Reproduis le dessin en respectant la place des ronds.

D

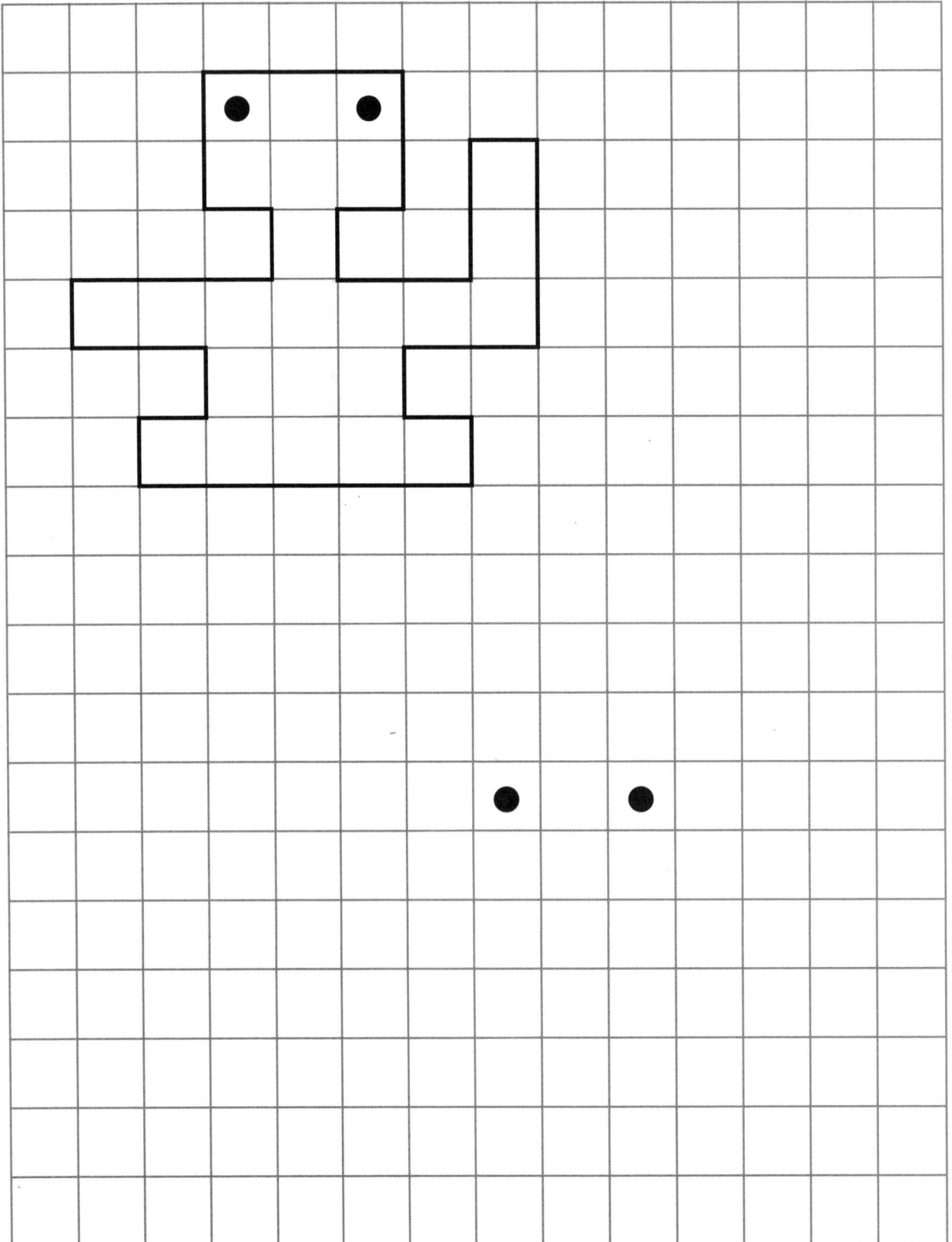

Comparer des nombres jusqu'à 99
▶ *Bloqué*

39	48
37	46
34	44
7	42

Comparer des nombres jusqu'à 99
► *Bloqué*

69

93

68

86

64

84

60

73

Somme de 2 nombres
▶ Une commande pour deux

BON DE COMMANDE

Il faut .... boutons pour le ziglotron de Zoé

Il faut .... boutons pour le ziglotron d'Arthur

Combien faut-il de boutons au total ? ....

Combien veux-tu de paquets de 10 boutons ? ....

Combien veux-tu de boutons tout seuls ? ....

Reconnaître des formes
▶ Carré, rectangle, triangle

Modèle S

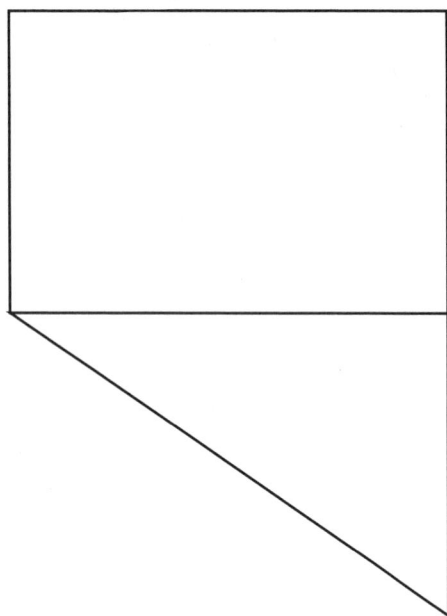

Modèle V

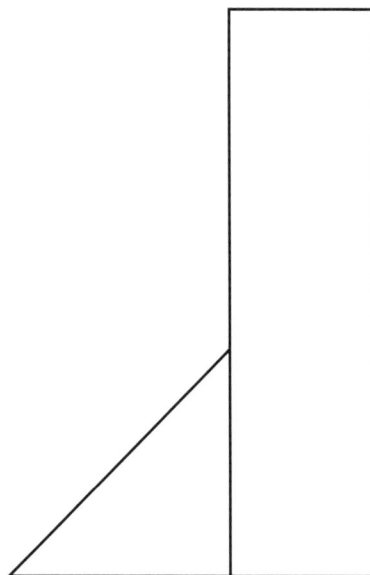

Modèle T

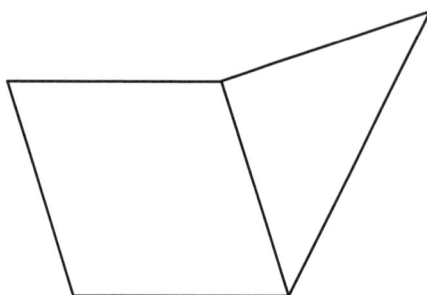

Reconnaître des formes
► Carré, rectangle, triangle

Modèle X

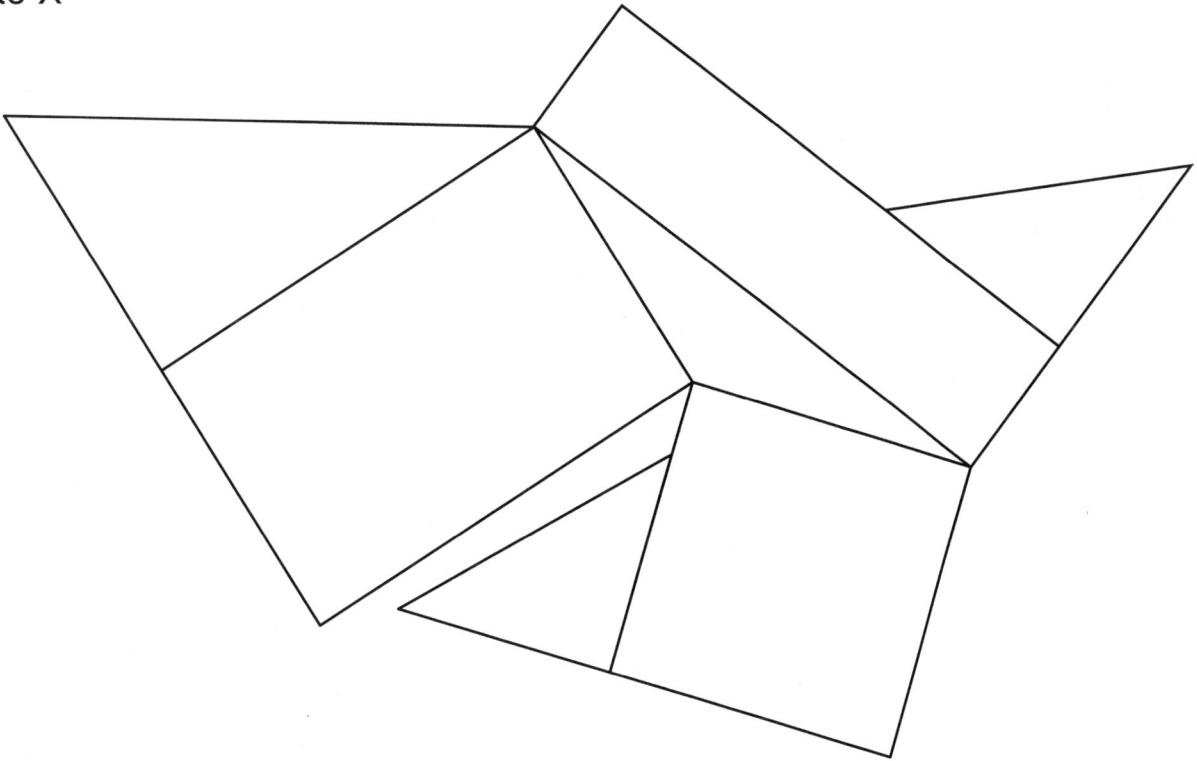

Modèle Y

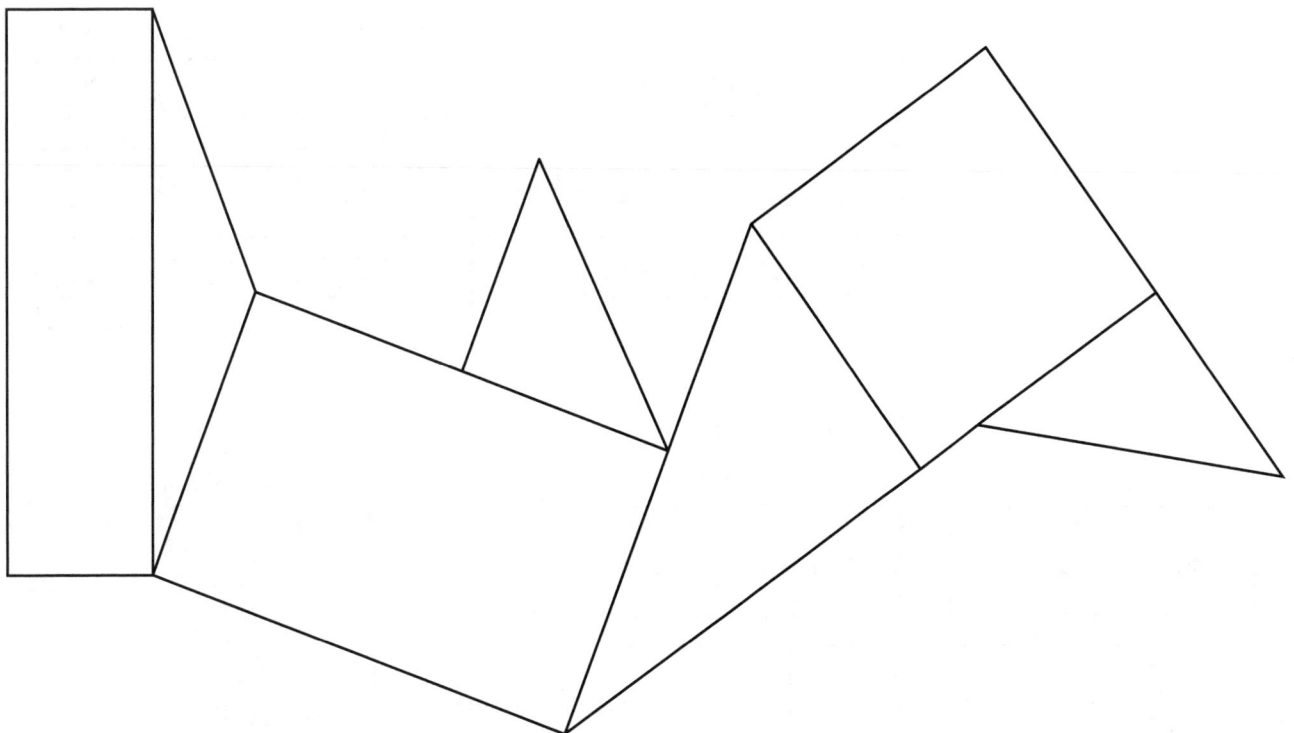

Associer différentes
expressions d'un même nombre
▶ Les planches photos

30 + 2		10 + 10 + 10 + 10 + 2

10 + 10 + 4	50 + 5	10 + 10 + 10 + 1

10 + 10 + 2	10 + 10 + 10 + 10 + 10 + 2

0	1	2	3	4	5	6	7	8	9
10	11	12	13	14	15	16	17	18	19
20	21	22	23	24	25	26	27	28	29
30	31	32	33	34	35	36	37	38	39
40	41	42	43	44	45	46	47	48	49
50	51	52	53	54	55	56	57	58	59
60	61	62	63	64	65	66	67	68	69
70	71	72	73	74	75	76	77	78	79
80	81	82	83	84	85	86	87	88	89
90	91	92	93	94	95	96	97	98	99

vingt-quatre	quinze

trente-deux	cinquante et un

cinquante-cinq	quarante-deux

Lire les nombres
de 60 à 79

10 + 10 + 6 + 10 + 10

46

10 + 10 + 10 + 10 + 10 + 10 + 10

30 + 6

6 + 10 + 10

soixante—dix

10 + 10 + 10 + 10 + 6

63

trente—six

Lire les nombres
de 60 à 79

soixante-treize

36

quarante-six

73

10 + 10 + 10 + 6

10 + 10 + 10 + 4 + 10 + 10 + 10

40 + 6

60 + 4

10 + 10 + 10 + 10

Calcul posé de sommes
▶ *L'addition comme les grands*

21

14

Nombre total de boutons : ....

32

35

Nombre total de boutons : ....

42

7

Nombre total de boutons : ....

Calcul posé de sommes
▶ *L'addition comme les grands*

$$\begin{array}{r} 21 \\ + 14 \\ \hline 35 \end{array} \qquad \begin{array}{r} 32 \\ + 35 \\ \hline 67 \end{array} \qquad \begin{array}{r} 42 \\ + 7 \\ \hline 49 \end{array}$$

- -

$$\begin{array}{r} 21 \\ + 14 \\ \hline 35 \end{array} \qquad \begin{array}{r} 32 \\ + 35 \\ \hline 67 \end{array} \qquad \begin{array}{r} 42 \\ + 7 \\ \hline 49 \end{array}$$

- -

$$\begin{array}{r} 21 \\ + 14 \\ \hline 35 \end{array} \qquad \begin{array}{r} 32 \\ + 35 \\ \hline 67 \end{array} \qquad \begin{array}{r} 42 \\ + 7 \\ \hline 49 \end{array}$$

Calcul posé de sommes
▶ *L'addition comme les grands*

34
21

Nombre total de boutons : ....

37
45

Nombre total de boutons : ....

42
28

Nombre total de boutons : ....

Calcul posé de sommes
▶ *L'addition comme les grands*

$$\begin{array}{r} 34 \\ +21 \\ \hline 55 \end{array} \qquad \overset{①}{\begin{array}{r} 37 \\ +45 \\ \hline 82 \end{array}} \qquad \overset{①}{\begin{array}{r} 42 \\ +28 \\ \hline 70 \end{array}}$$

$$\begin{array}{r} 34 \\ +21 \\ \hline 55 \end{array} \qquad \overset{①}{\begin{array}{r} 37 \\ +45 \\ \hline 82 \end{array}} \qquad \overset{①}{\begin{array}{r} 42 \\ +28 \\ \hline 70 \end{array}}$$

$$\begin{array}{r} 34 \\ +21 \\ \hline 55 \end{array} \qquad \overset{①}{\begin{array}{r} 37 \\ +45 \\ \hline 82 \end{array}} \qquad \overset{①}{\begin{array}{r} 42 \\ +28 \\ \hline 70 \end{array}}$$

Reconnaître les triangles

(A) **Trace** les traits qui relient les chiffres identiques.
Colorie 3 triangles qui ne se touchent pas.

2   3   1

1   3

(B) **Dessine** 3 triangles différents en reliant des points.

Tracés de figures

Cartes billes

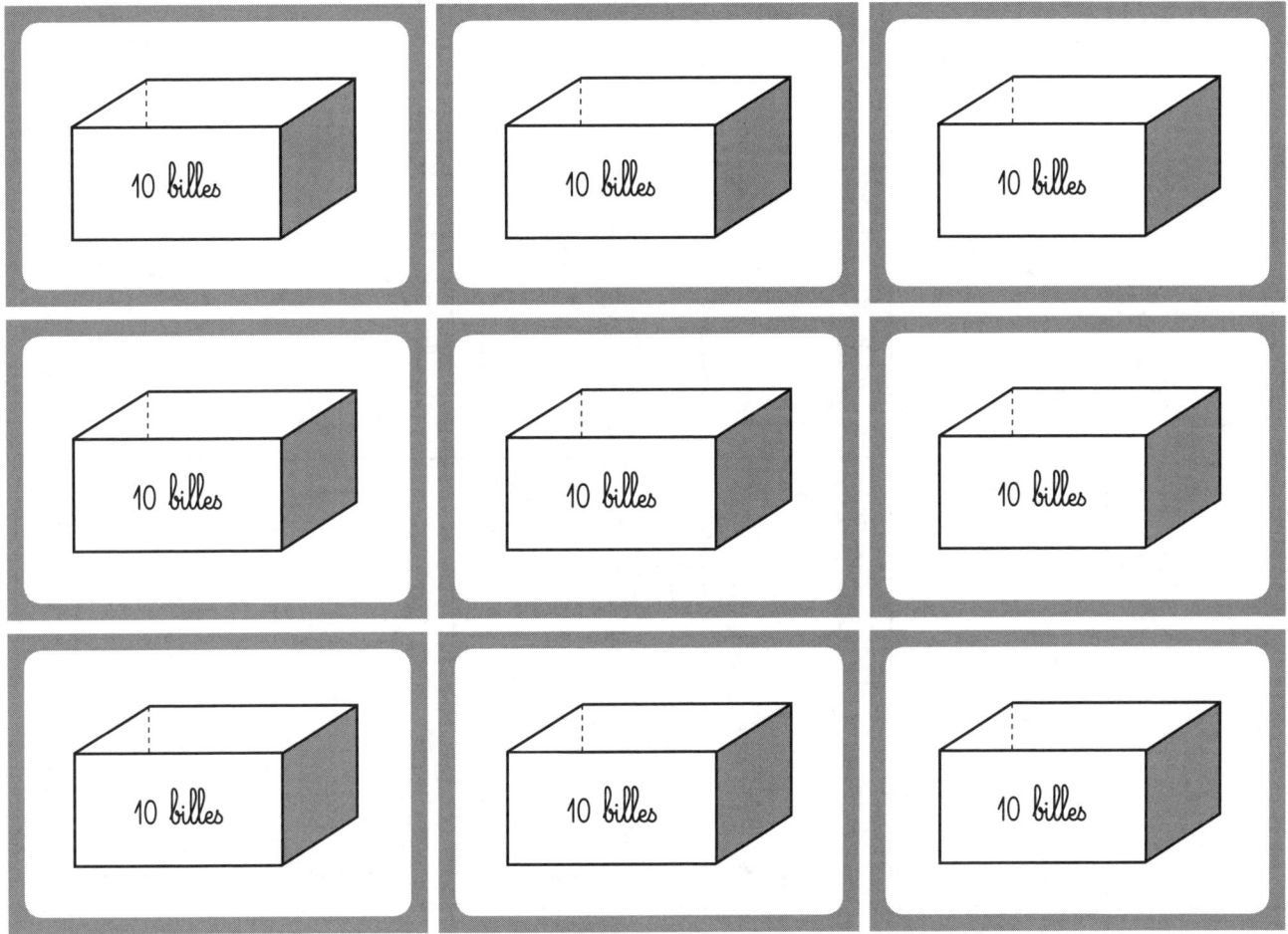

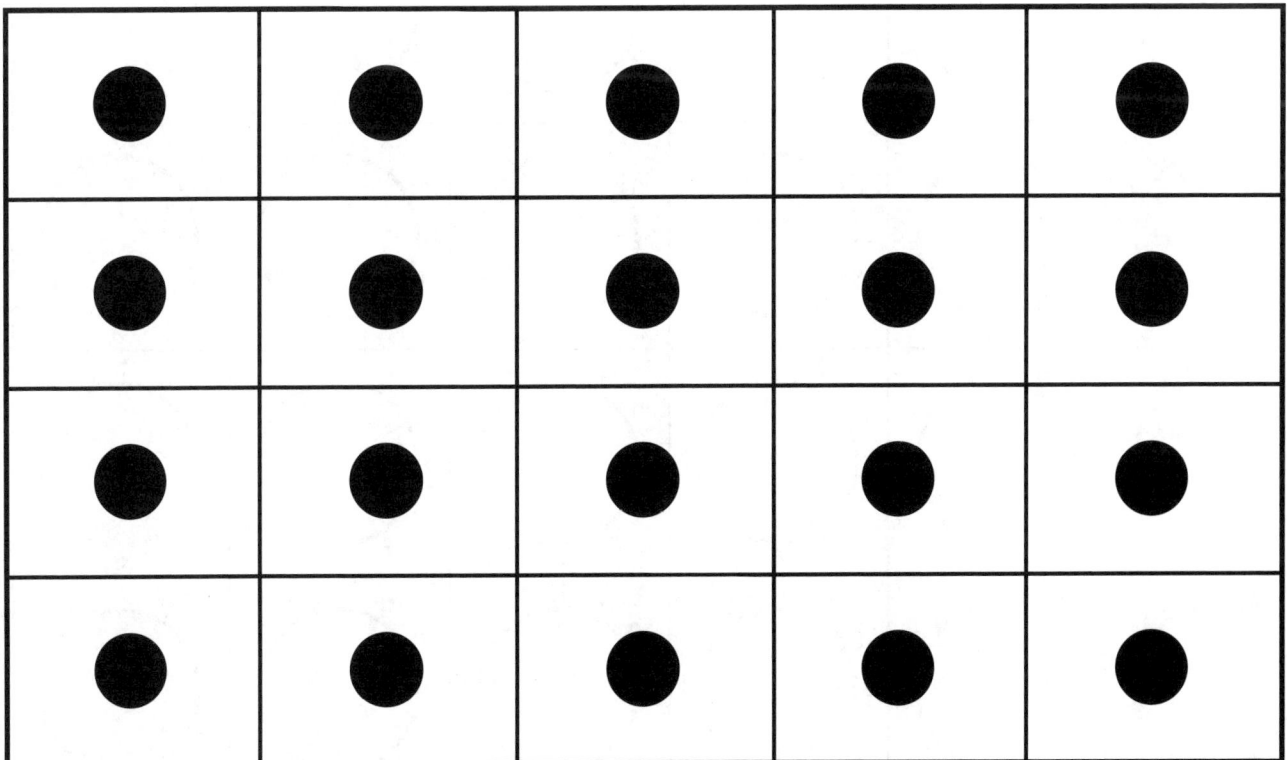

Lecture de l'heure

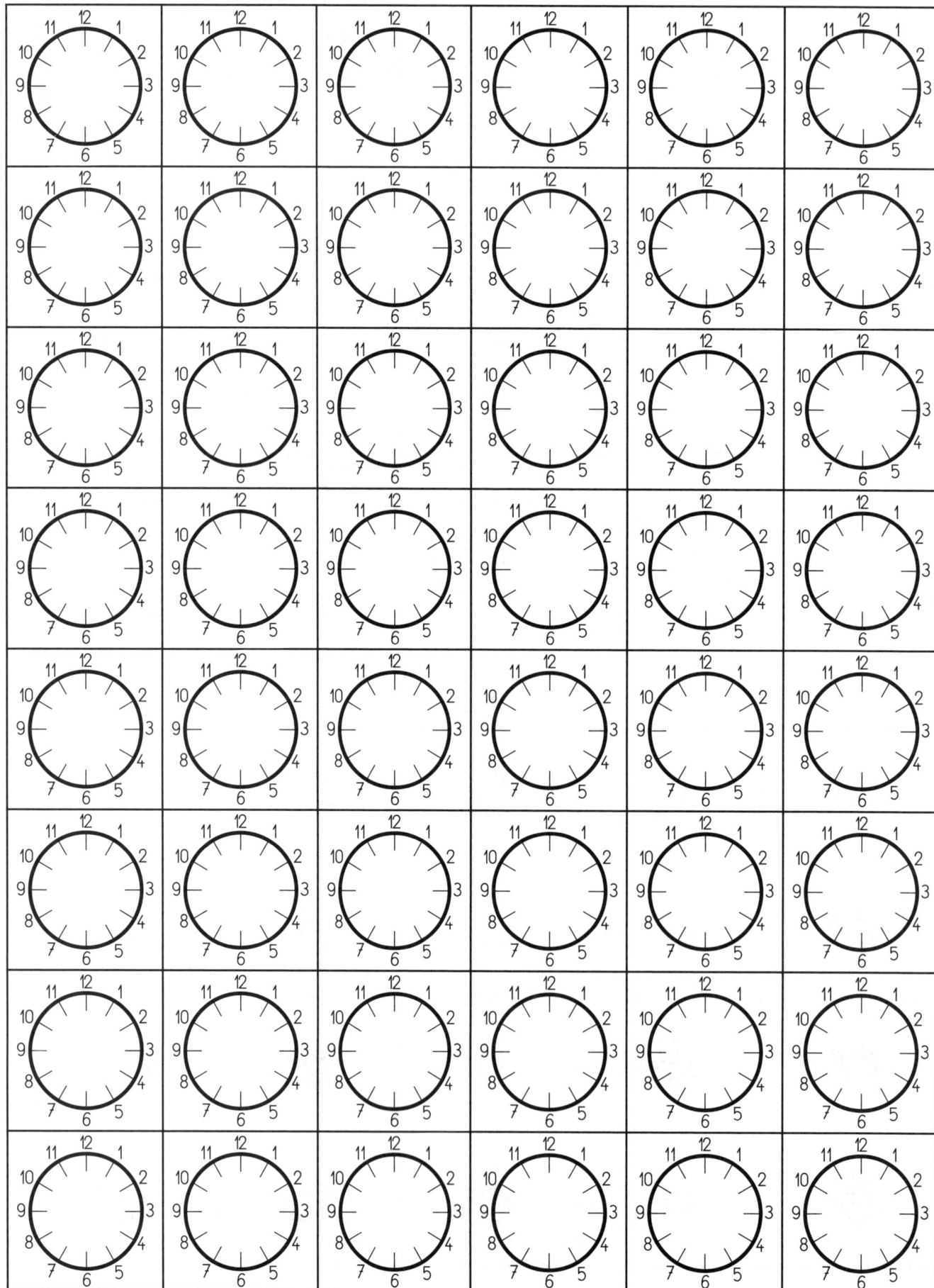

A compléter par l'enseignant avec les horaires repères de sa classe.

Lecture de l'heure

Colle à la bonne place les étiquettes qu'on t'a données et complète les phrases.

Matin

Il est ....,
c'est la rentrée.

Il est ....,
c'est la récréation.

Il est ....,
c'est la sortie.

Après-midi

Il est ....,
c'est la rentrée.

Il est ....,
c'est la récréation.

Il est ....,
c'est la sortie.

Lecture de l'heure

Il est midi

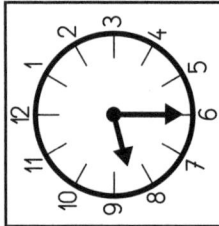

Il est 5 heures du soir

Il est 3 heures du matin

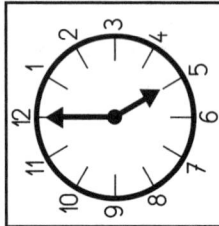

Il est 11 heures du matin

Il est 12 heures

Il est 10 heures du soir

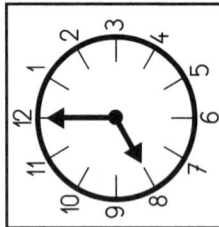

Il est 8 heures du matin

Il est minuit

Il est 8 heures et demie du soir

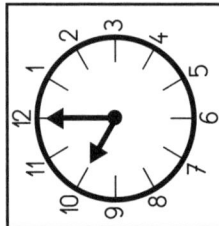

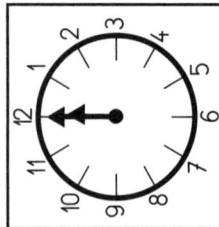

Lecture de l'heure

	Il est ...	

Écriture des nombres jusqu'à 99

1 2 3 4 5 6 7

8 9 10 20 30 40 50

60 70 80 90 +

un deux trois quatre cinq six

sept huit neuf dix onze douze

treize quatorze quinze seize vingt trente

quarante cinquante soixante et -

Décomposer un nombre
► *La cible*

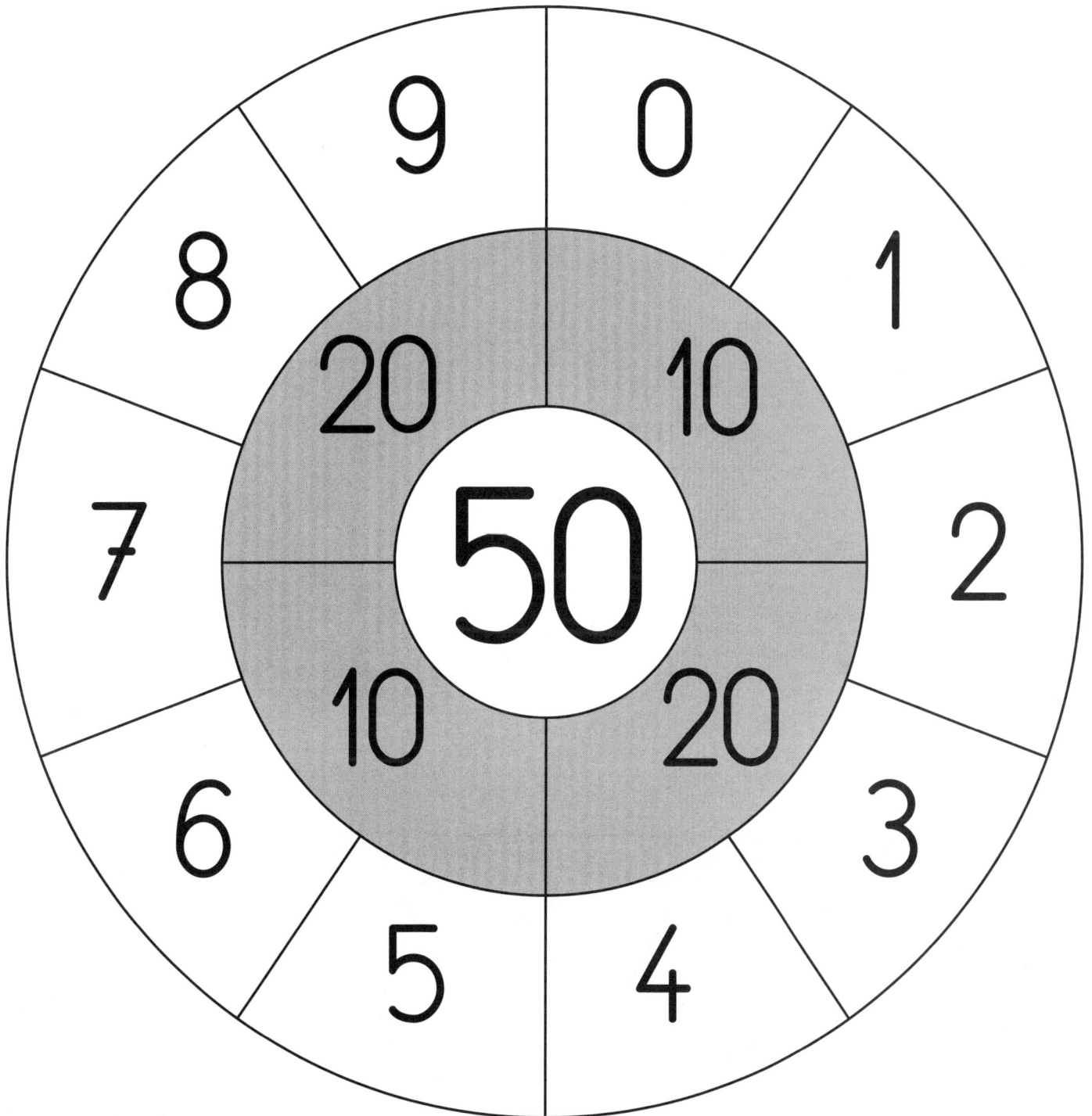

Construction de solides

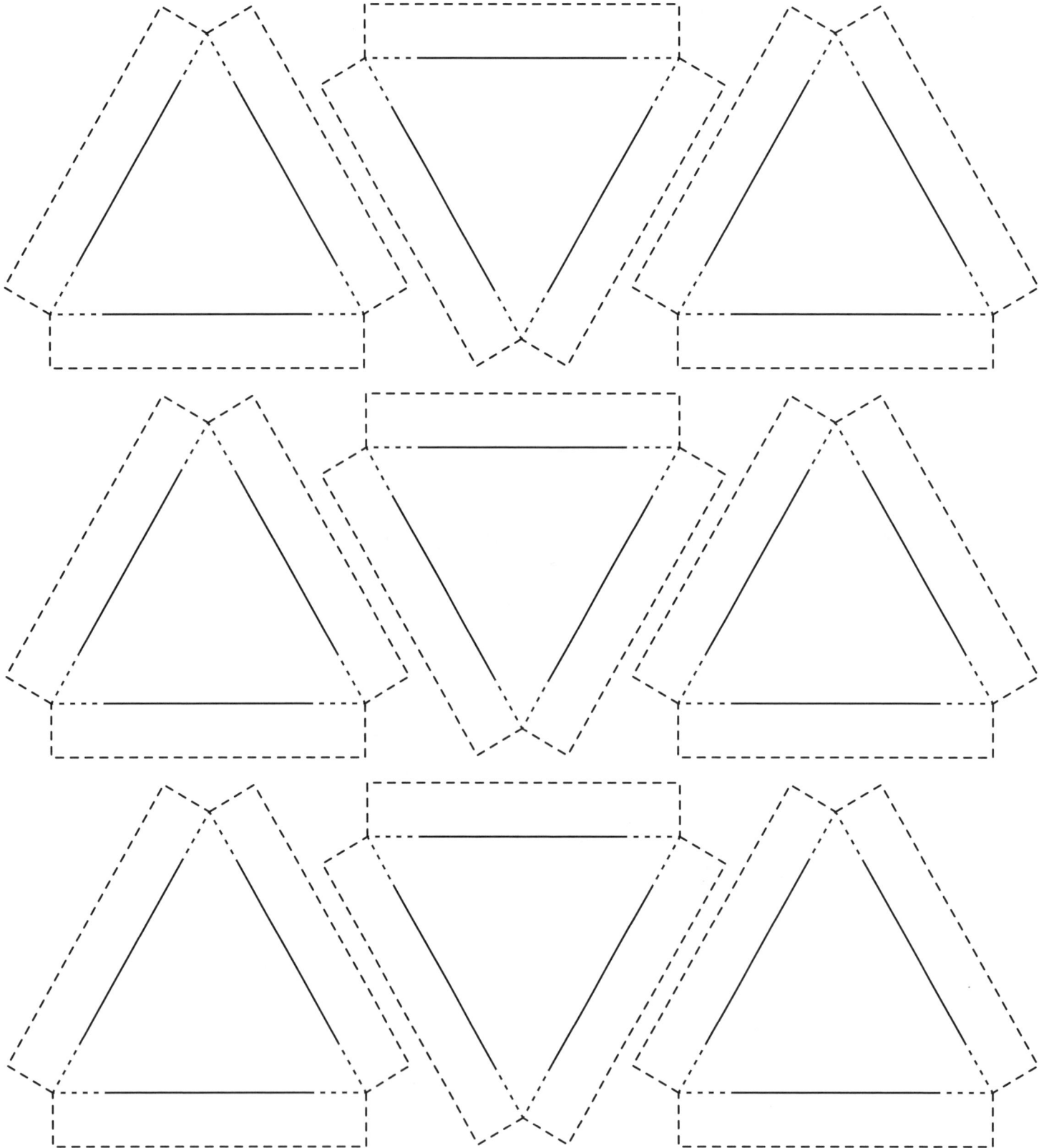

A photocopier sur du papier fort. Découper les faces suivant les traits pointillés. Plier les languettes suivant les traits continus. Les faces s'attachent entre elles par les languettes avec des bracelets élastiques de petite taille. Les languettes restent à l'extérieur du solide.

Construction de solides

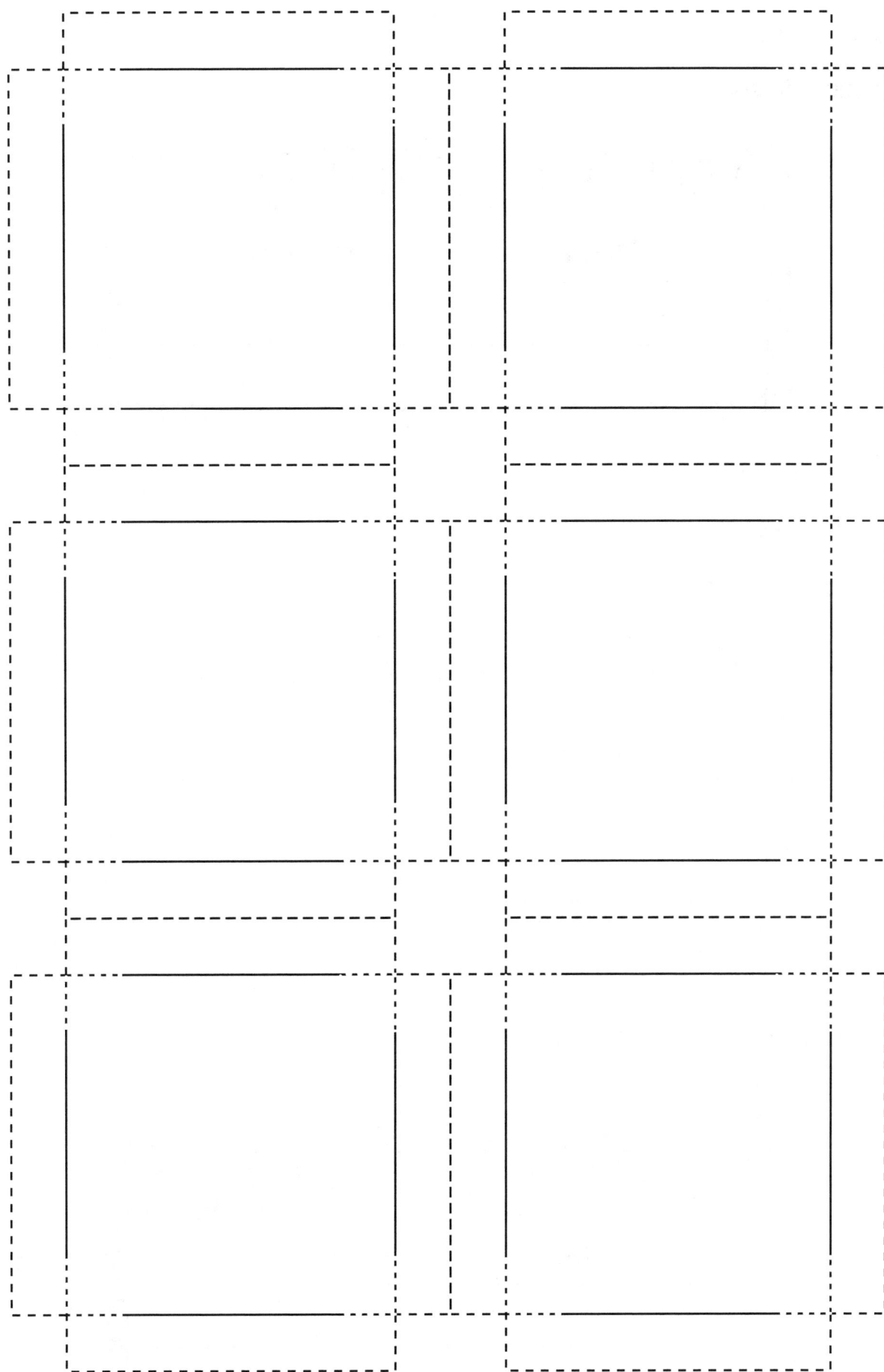

Reproduction de solides

Nom de l'élève : ....

Reproduction du solide : _ _ _ _ _ _ _ _ _

BON DE COMMANDE

forme	nombre

Nom de l'élève : ....

Reproduction du solide : _ _ _ _ _ _ _ _ _

BON DE COMMANDE

forme	nombre

Nom de l'élève : ....

Reproduction du solide : _ _ _ _ _ _ _ _ _

BON DE COMMANDE

forme	nombre

24

29

23

28

22

27

21

26

20

25

34

39

33

38

32

37

31

36

30

35

44

49

43

48

42

47

41

46

40

45

54

59

53

58

52

57

51

56

50

55

64

69

63

68

62

67

61

66

60

65

74

79

73

78

72

77

71

76

70

75

CapMaths

G

84

89

83

88

82

87

81

86

80

85

CapMaths

94

99

93

98

92

97

91

96

90

95

Comptines

Quelques exemples de chansons à compter.

Un éléphant qui se balançait

Un éléphant qui se balançait
Sur une toile d'araignée, ohé ohé
Trouva ce jeu si intéressant
Qu'il alla chercher un autre éléphant
Deux éléphants qui se balançaient
Sur une toile d'araignée, ohé ohé
Trouvèrent ce jeux si intéressant
Qu'ils allèrent chercher un autre éléphant
......

Qui est sur le toit ?

1, 2, 3, qui est sur le toit ?
4, 5, 6, une souris grise
7, 8, 9, debout sur un oeuf
10, 11, 12, sur un oeuf tout rouge
L'oeuf est tombé
La souricette a préparé
Une omelette
1, 2, 3, 4, 5, 6, 7 !

C'est le petit roi

1, 2, 3, c'est le petit roi
4, 5, 6, du pays des lis
7, 8, 9, à ch'val sur un oeuf
10, 11, 12, s'en va à Toulouse

Une et une

Une et une la lune
Deux et deux les yeux
Trois et trois les rois
Quatre et quatre la pâte
Cinq et cinq les épingles
Six et six la chemise
Sept et sept la pastèque
Huit et huit pomme cuite
Neuf et neuf grands yeux de boeuf
Dix et dix la remise
Onze et onze la demi-once
Douze et douze la bouse
Treize et treize la fraise
Quatorze et quatorze l'arabasse*
Quinze et quinze la pince
Seize et seize la grosse caisse
Dix-sept et dix-sept la musette

*Pomme entière cuite au four.

J'ai des trous à mes chaussettes

1, 2, 3, 4, 5, 6, 7,
J'ai des trous à mes chaussettes
1, 2, 3, 4, 5, 6,
J'ai mangé l'écrevisse
1, 2, 3, 4, 5,
J'aime les seringues
1, 2, 3, 4,
Amphithéâtre
1, 2, 3,
C'est le roi
1, 2,
Beaux yeux
1,
Bonbon pour chacun

Gaby Marchand et Tapori

On peut trouver d'autres comptines sur le site Internet : www.momes.net

Loto des quantités

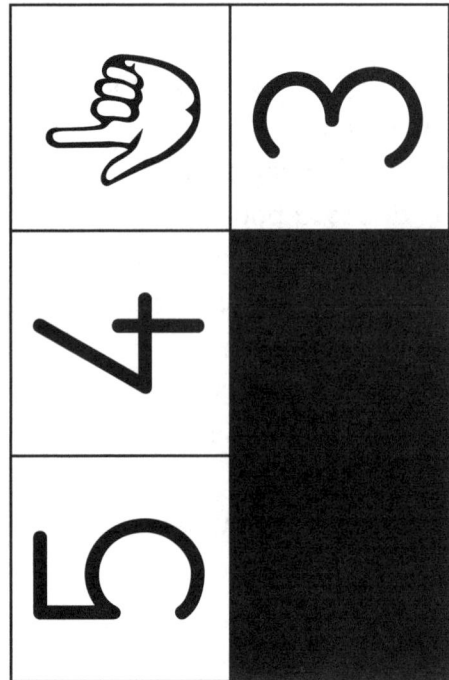

Écriture des chiffres

Prénom : ....

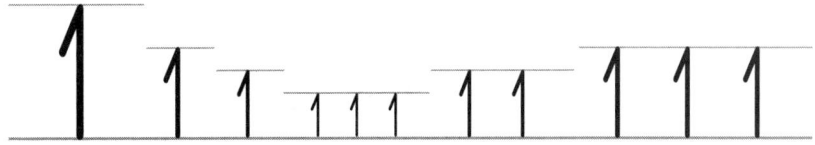

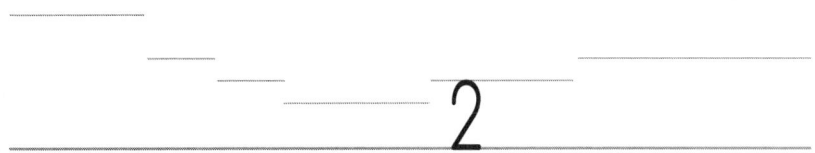

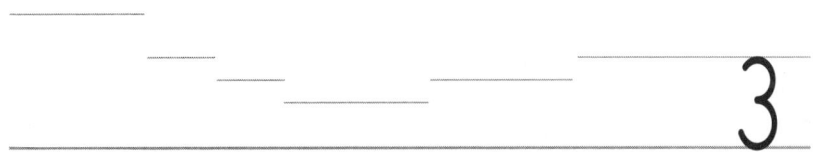

Écriture des chiffres

Prénom : ....

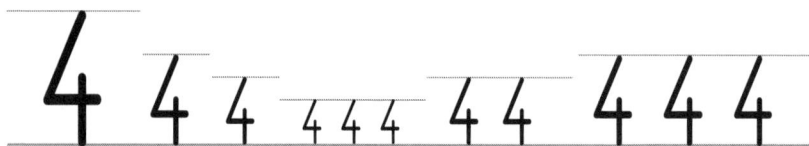

Activités complémentaires

Écriture des chiffres

Prénom : ....

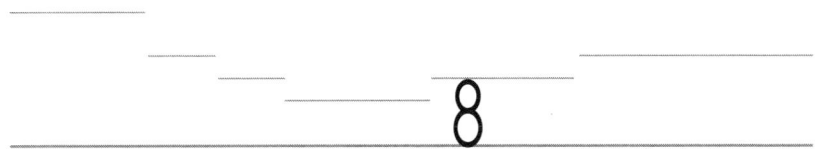

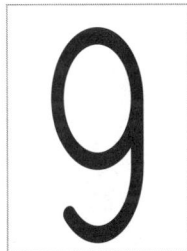 

7

8

9

7 8 9   7

Collections à dénombrer

Prénom : ....

Combien y a-t-il de dessins ? ....

Combien y a-t-il de dessins ? ....

Prénom : ....

Combien y a-t-il de dessins ? ....

Combien y a-t-il de dessins ? ....

Collections à dénombrer

Prénom : ....

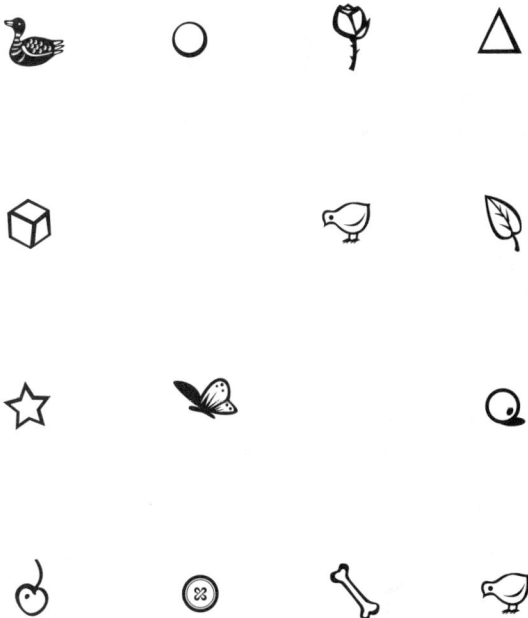

Combien y a-t-il de dessins ? ....

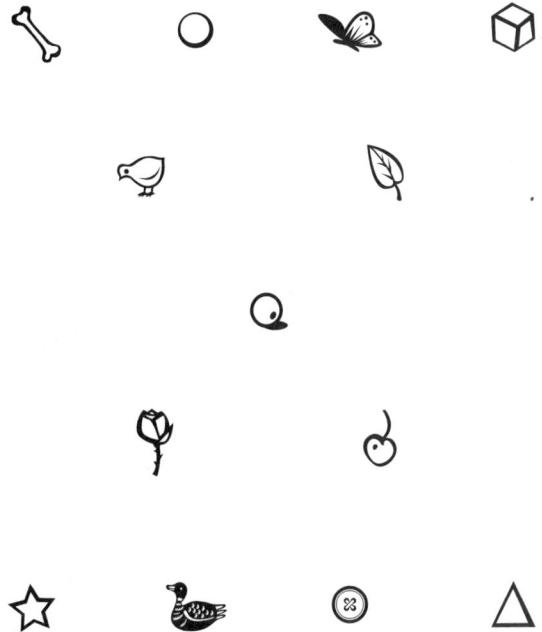

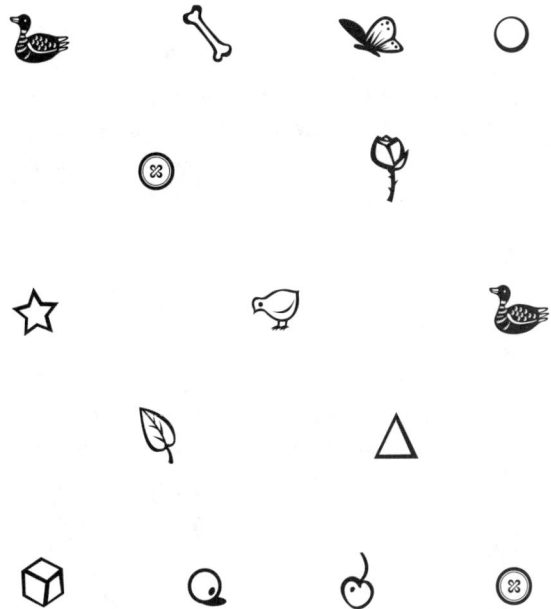

Combien y a-t-il de dessins ? ....

Prénom : ....

Combien y a-t-il de dessins ? ....

Combien y a-t-il de dessins ? ....

Jeu de bataille

CapMaths

AC

UNITÉ 2
Guide - p.45

Jeu de bataille

6 · 12 · 5 · 11 · 4 · 10 · 3 · 9 · 2 · 8 · 1 · 7

Activités complémentaires - Unité 2 -

La bonne cueillette

Recto-Verso

$4+2$	$3+1$	$4+3$	$3+5$	$5+5$
$6+2$	$7+3$	$8+2$	$2+7$	$1+8$
$3+3$	$4+4$		$5-2$	$10-5$
$6-1$	$7-2$	$5-3$	$10-1$	$10-2$
$8-5$	$7-5$	$7-6$	$8-7$	$9-2$

Activités complémentaires
- Unité 6 -

Recto-Verso

10	8	7	4	6
9	9	10	10	8
5	3		8	6
8	9	2	5	5
7	1	1	2	3

Coloriage numérique

- Colorie en rouge lorsque le résultat est égal à 2.
- Colorie en bleu lorsque le résultat est égal à 4.
- Colorie en jaune lorsque le résultat est égal à 6.

- Colorie en vert lorsque le résultat est égal à 7.
- Colorie en violet lorsque le résultat est égal à 10.

$8+2$	$6+4$	$7+3$	$3+3$	$7-1$	$10-4$
$1+9$	$8-2$	$5+5$	$9-3$	$9+1$	$6+0$
$10+0$	$4+6$	$3+7$	$0+6$	$1+5$	$4+2$
$7-3$	$6-4$	$2+2$	$3+4$	$2+0$	$10-3$
$1+3$	$10-8$	$10-6$	$2+5$	$8-6$	$0+7$
$4+0$	$5+2$	$2+4$	$8+2$	$5-1$	$9-2$

Tracé à la règle
▶ Frises

• Zoé a commencé à tracer une frise. Termine-la.

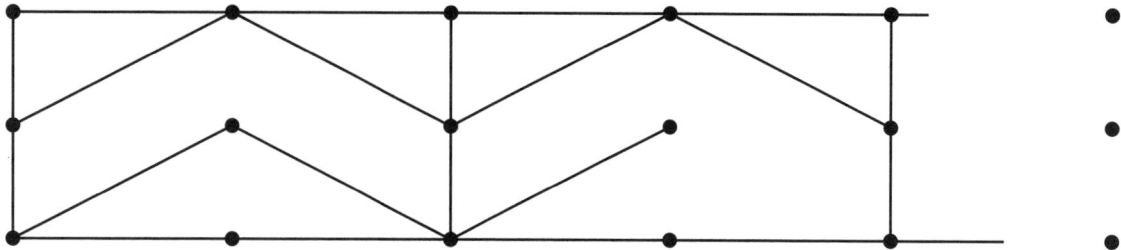

• Arthur a commencé à tracer une frise. Termine-la.

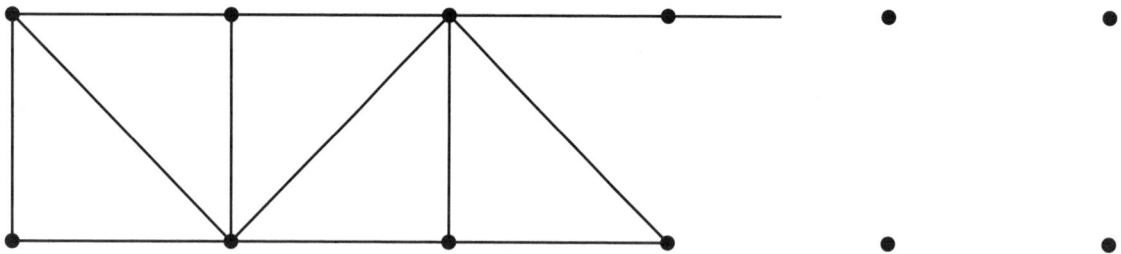

• Gribouille a commencé à tracer une frise. Termine-la.

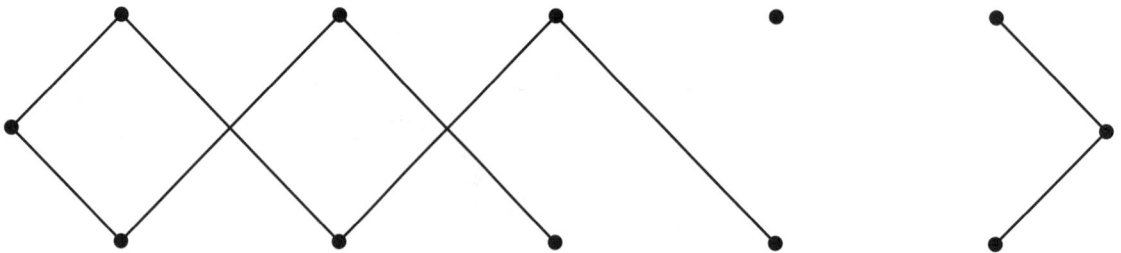

Reproduction sur quadrillage

1 • Reproduis le modèle

2 • Zoé a décoré un quadrillage, mais Gribouille a effacé certaines cases. Complète la décoration de Zoé.

• Trace le quadrillage à l'aide de la règle. Colorie les cases en suivant le modèle de Zoé et en respectant les codes de couleurs.

▲ rouge ☐ jaune ○ bleu △ vert

Activités complémentaires
- Unité 7 -

Loto-Calcul

Loto-Calcul

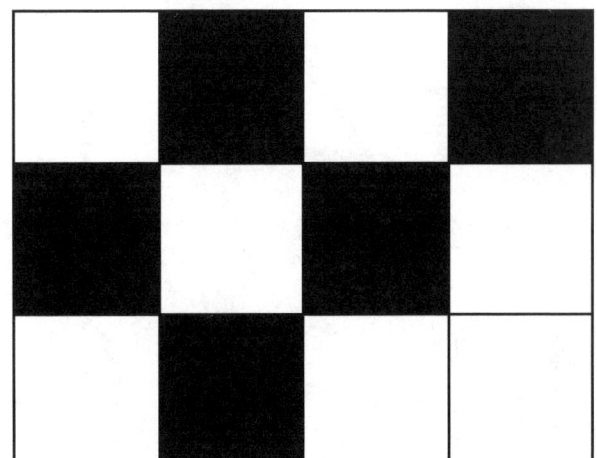

Activités complémentaires
- Unité 9 -

capMaths

18 UNITÉ 9
AC Guide - p.188

Loto-Calcul

$3+5$	$7+1$	$3+4$
$2+6$	$5+2$	$1+5$
$6+2$	$2+5$	$1+4$
$3+3$	$4-2$	$4+3$
$3-2$	$4+2$	$10-2$
$10-3$	$6-2$	$8+2$

Activités complémentaires

Loto-Calcul

$6+4$	$3+7$	$7+2$
$5+5$	$6+3$	$2+7$
$4+6$	$3+6$	$4+4$
$3+2$	$6-6$	$8-2$
$5+4$	$4-1$	$7+3$
$5+3$	$2+4$	$10-1$

Les carrés bicolores

Fiche A

Fiche B

 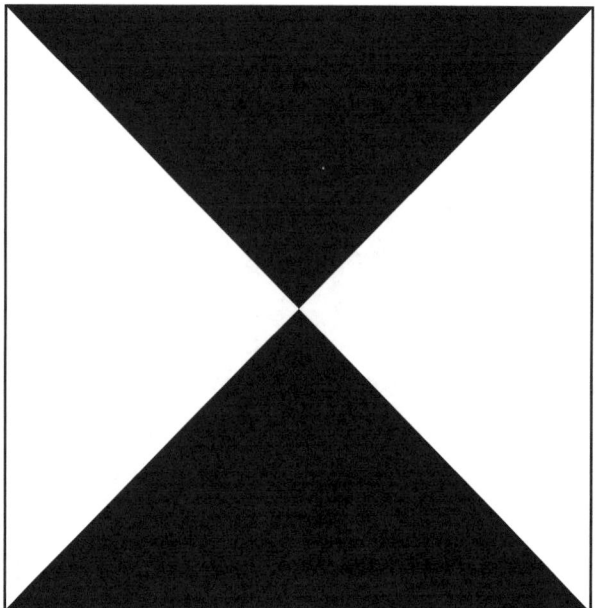

Les carrés bicolores

Fiche C

Fiche D

 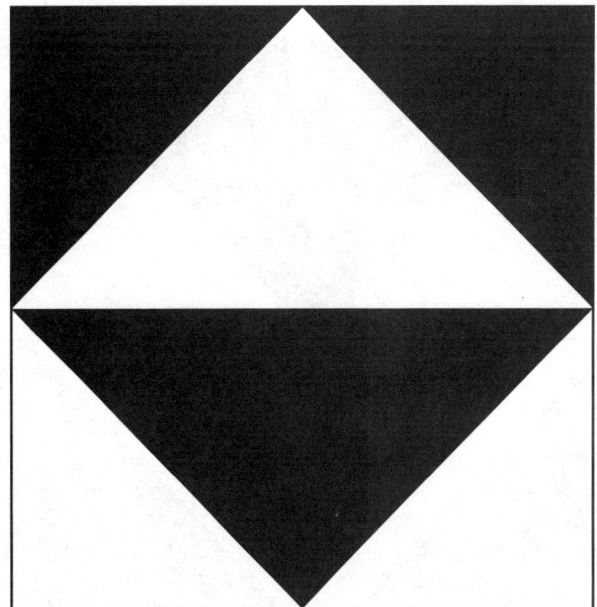

Les carrés bicolores

Modèle n° 1

Modèle n° 2

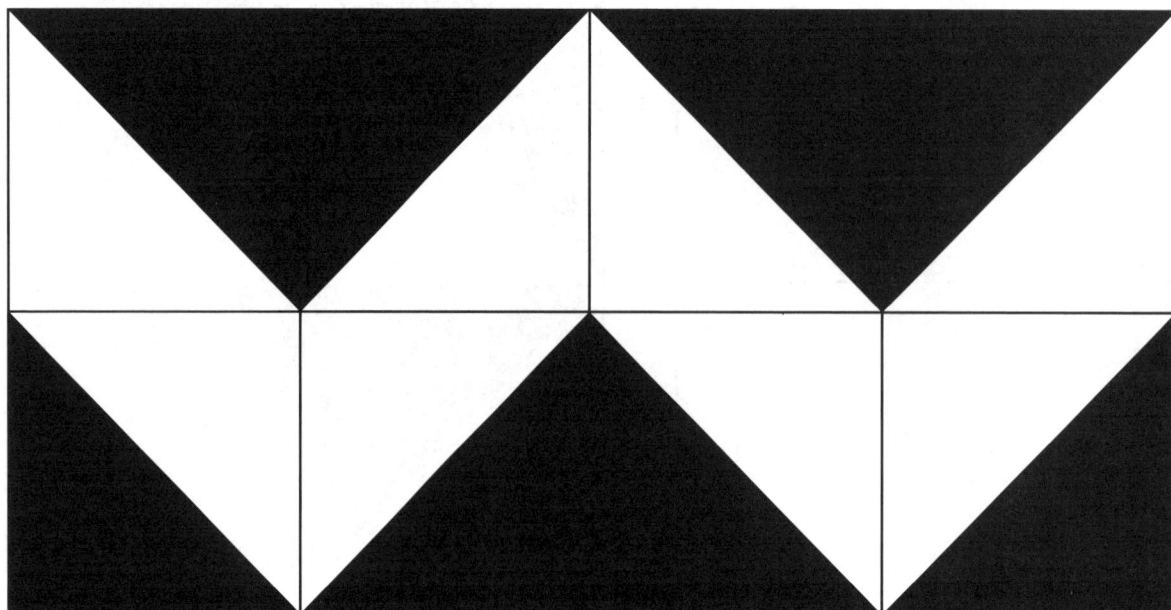

Les carrés bicolores

Modèle n° 3

Modèle n° 4

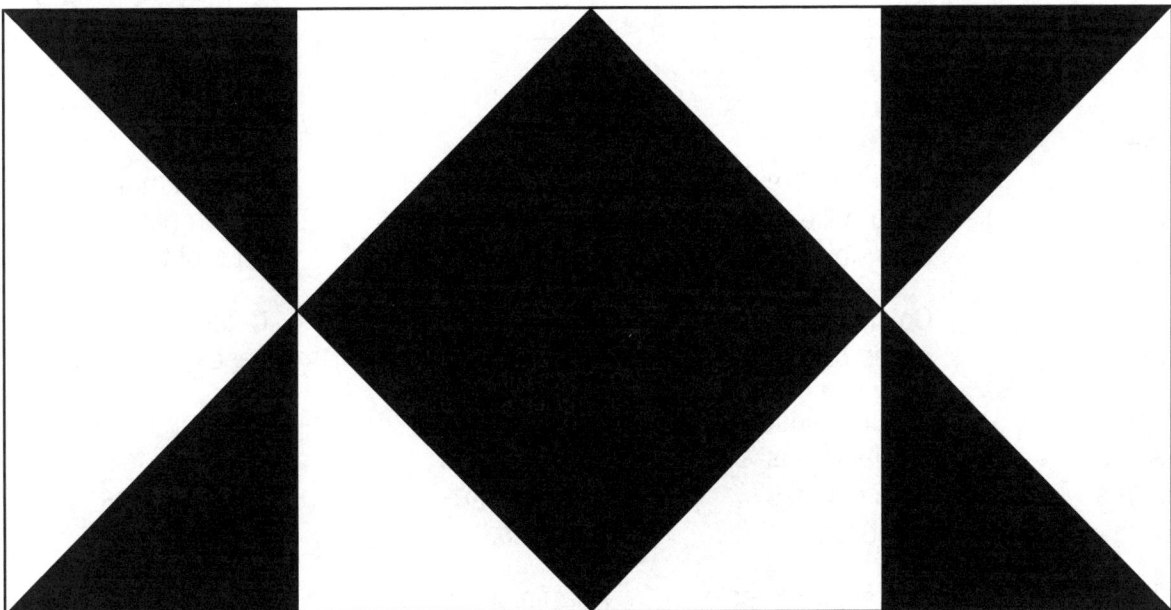

Addi-grilles

| 2 | 3 |
| 2 | 1 |

| 5 | 3 |
| 7 | 2 |

| 8 | 6 |
| 2 | 3 |

| 7 | 8 |
| 9 | 3 |

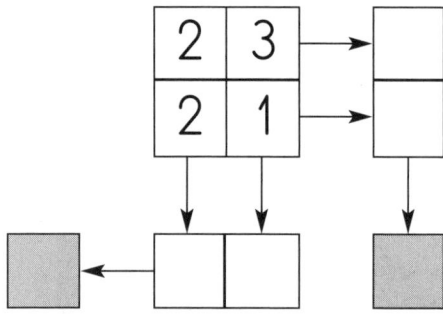

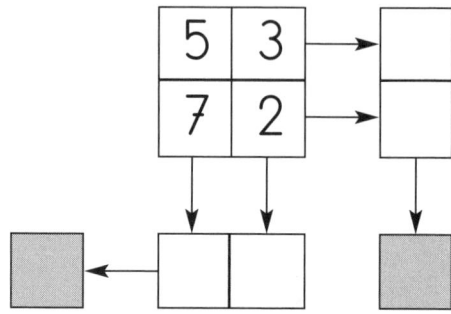

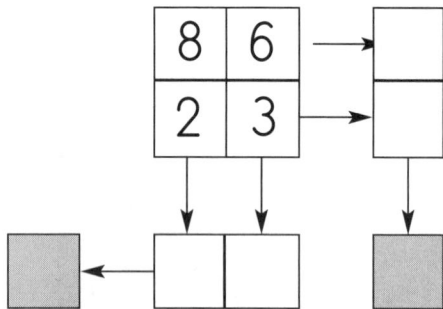

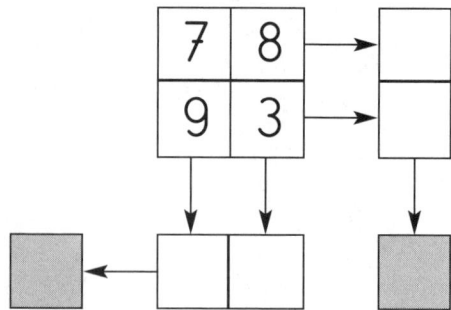

Le nombre de Gribouille

8	5	6
9	7	1
3	4	2

4	0	6
8	3	7
9	1	5

2	3	6
1	7	8
4	10	0

10	8	9
4	6	3
0	5	7

Additionne
deux nombres
de la grille
pour obtenir **10**.

Colorie les deux
cases choisies.

Recommence
plusieurs fois
avec d'autres
nombres.

A la fin, il ne reste
qu'un nombre.
C'est le nombre
de Gribouille

Additionne
deux nombres
de la grille
pour obtenir **9**.

Colorie les deux
cases choisies.

Recommence
plusieurs fois
avec d'autres
nombres.

A la fin, il ne reste
qu'un nombre.
C'est le nombre
de Gribouille

Soustrais
deux nombres
de la grille
pour obtenir **2**.

Colorie les deux
cases choisies.

Recommence
plusieurs fois
avec d'autres
nombres.

A la fin, il ne reste
qu'un nombre.
C'est le nombre
de Gribouille

Soustrais
deux nombres
de la grille
pour obtenir **3**.

Colorie les deux
cases choisies.

Recommence
plusieurs fois
avec d'autres
nombres.

A la fin, il ne reste
qu'un nombre.
C'est le nombre
de Gribouille

Coloriage magique

33 : jaune   36 : vert   17 : rouge

23 : orange   42 : bleu   28 : marron

Le loto

17	22	31	
18		35	55
15	25	38	58
13	29		50
	20	39	53

25		42	58
21	35	47	55
20	30		57
29	33	40	51
23		41	

16	21	33	
18		39	51
	20	35	55
13	22		58
15	29	38	53

Le loto

29	39	40	
20	33		53
22	38	46	58
21		44	55
30	23		57

	20	39	40
18	22		42
13		33	41
19	25	30	
16	23		46

16	30	47	50
13	33		58
17		42	55
	39		53
19	31	44	51

Le loto

trente-cinq	treize	quinze	cinquante-trois	trente-neuf
dix-neuf	vingt	vingt-cinq	vingt-neuf	trente et un
dix-sept	dix-huit	vingt et un	vingt-trois	trente

Le loto

vingt-deux	seize	quarante-sept	cinquante-huit	cinquante-cinq
trente-huit	quarante et un	quarante-quatre	cinquante	cinquante-sept
trente-trois	quarante	quarante-deux	quarante-six	cinquante et un

Dessin sur quadrillage

Reproduis le modèle.
Trace les traits avec la règle.

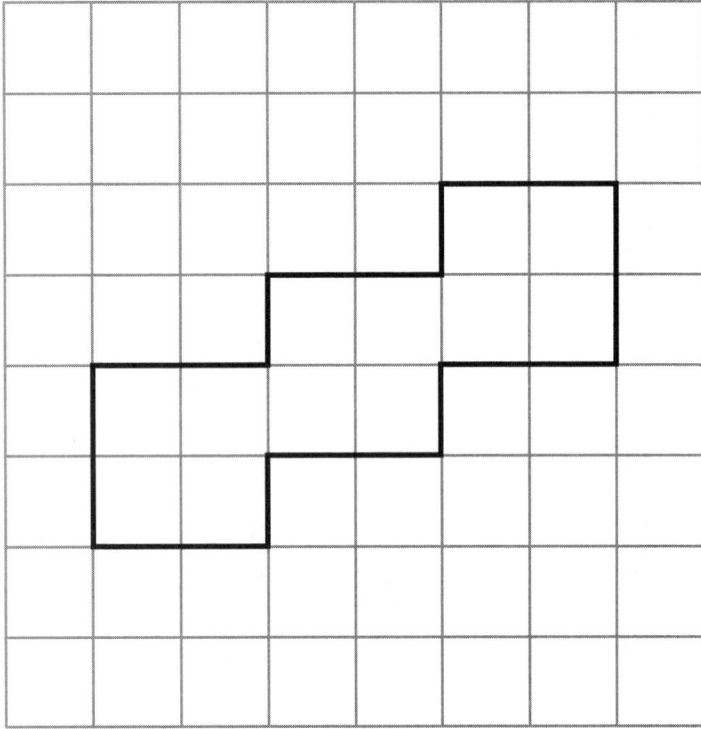

Modèle

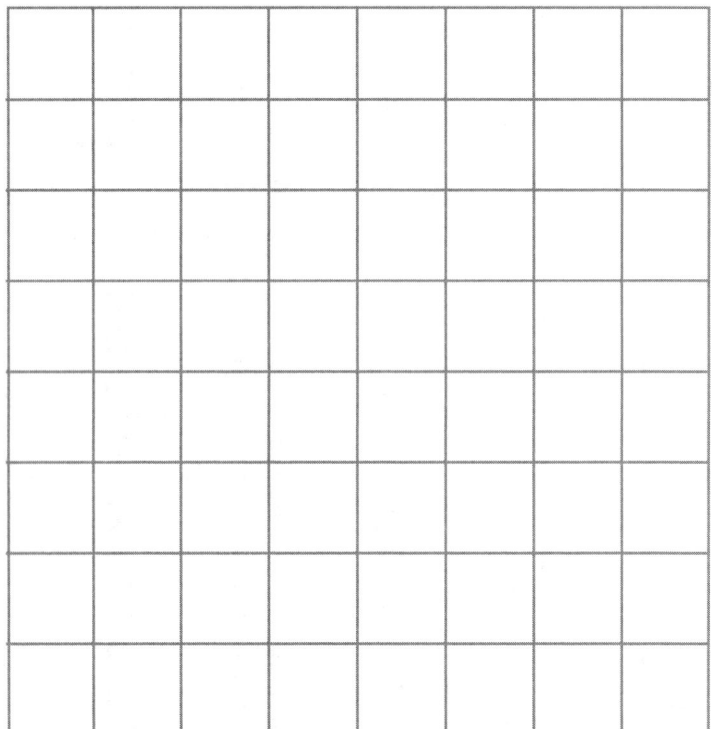

Dessin sur quadrillage

Place les points comme sur le modèle, puis rejoins les points avec la règle.

Modèle

Dessin sur quadrillage

Reproduis le modèle.
Trace les traits avec la règle.

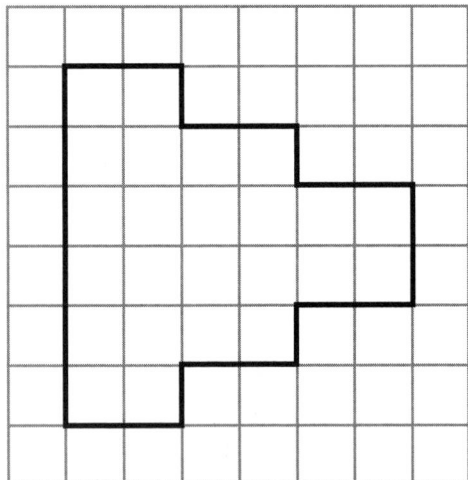

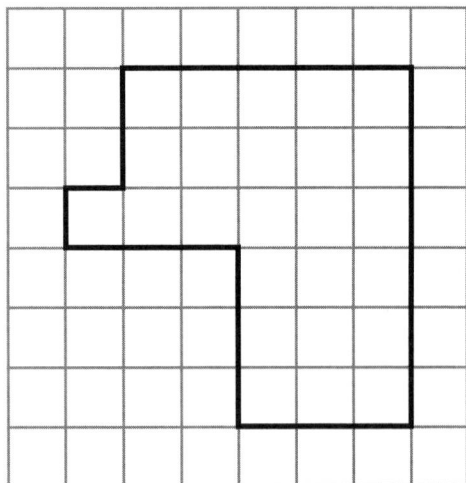

Reproduis le modèle.
Trace les traits avec la règle.

Dessin sur quadrillage

Reproduis le dessin en dessous en respectant la place du rond.
Trace les traits avec la règle.

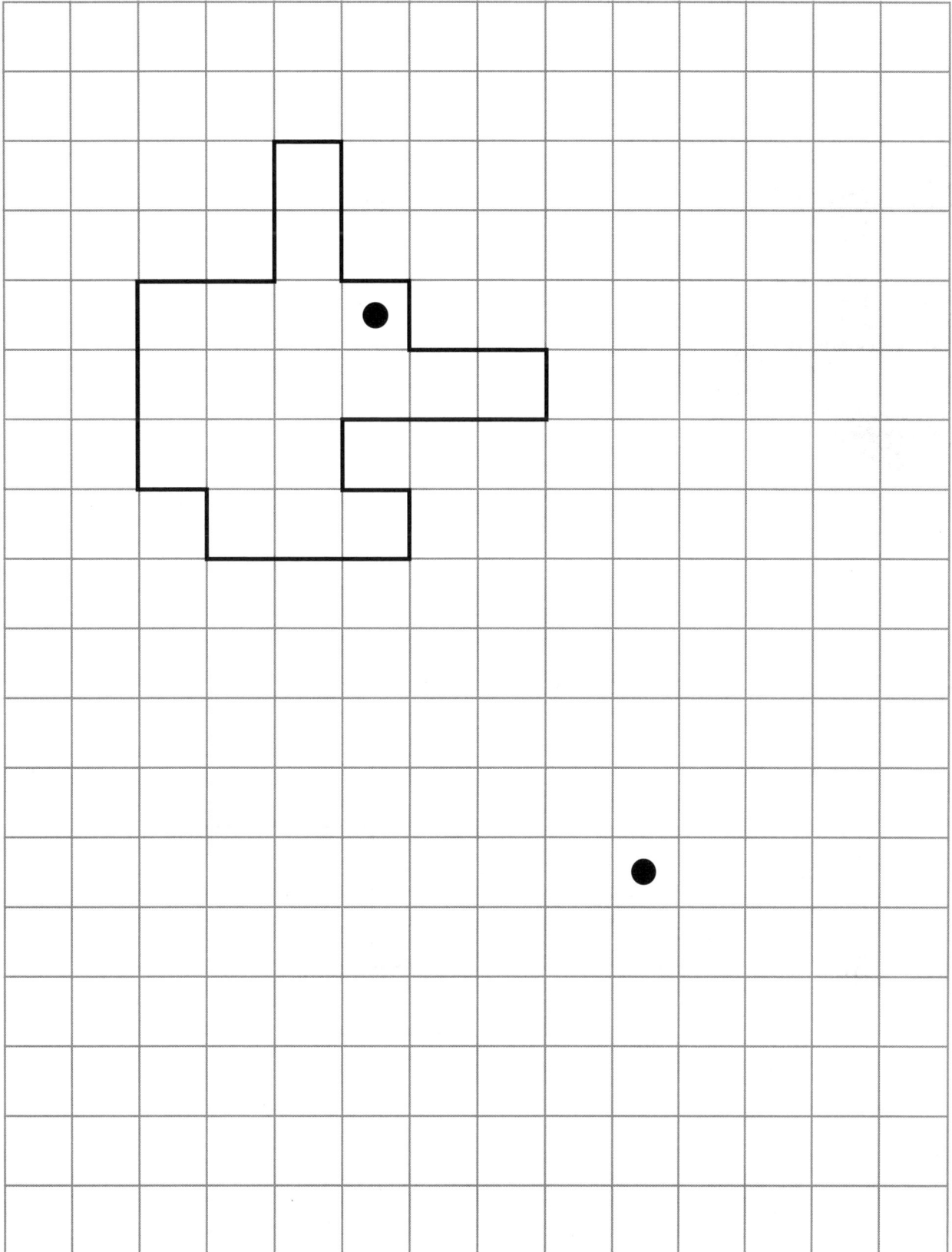

Dessin sur quadrillage

Reproduis le dessin en dessous en respectant la place des ronds.
Trace les traits avec la règle.

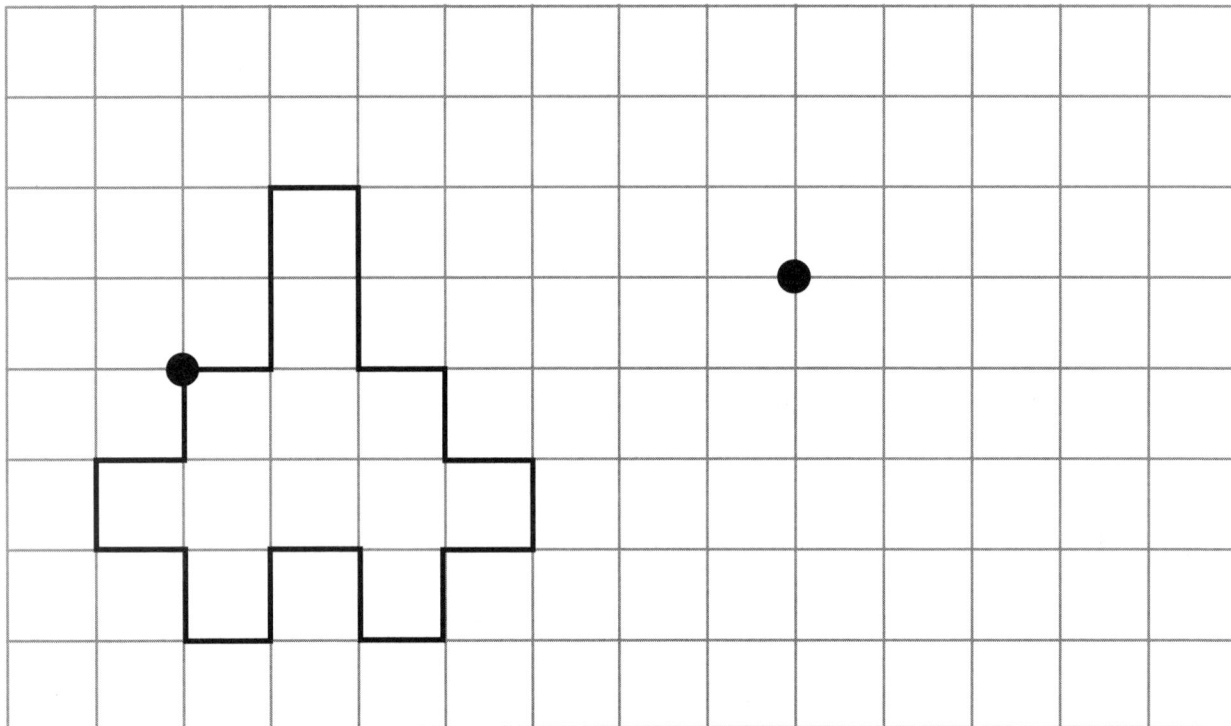

Reproduis le dessin en dessous en respectant la place des ronds.
Trace les traits avec la règle.

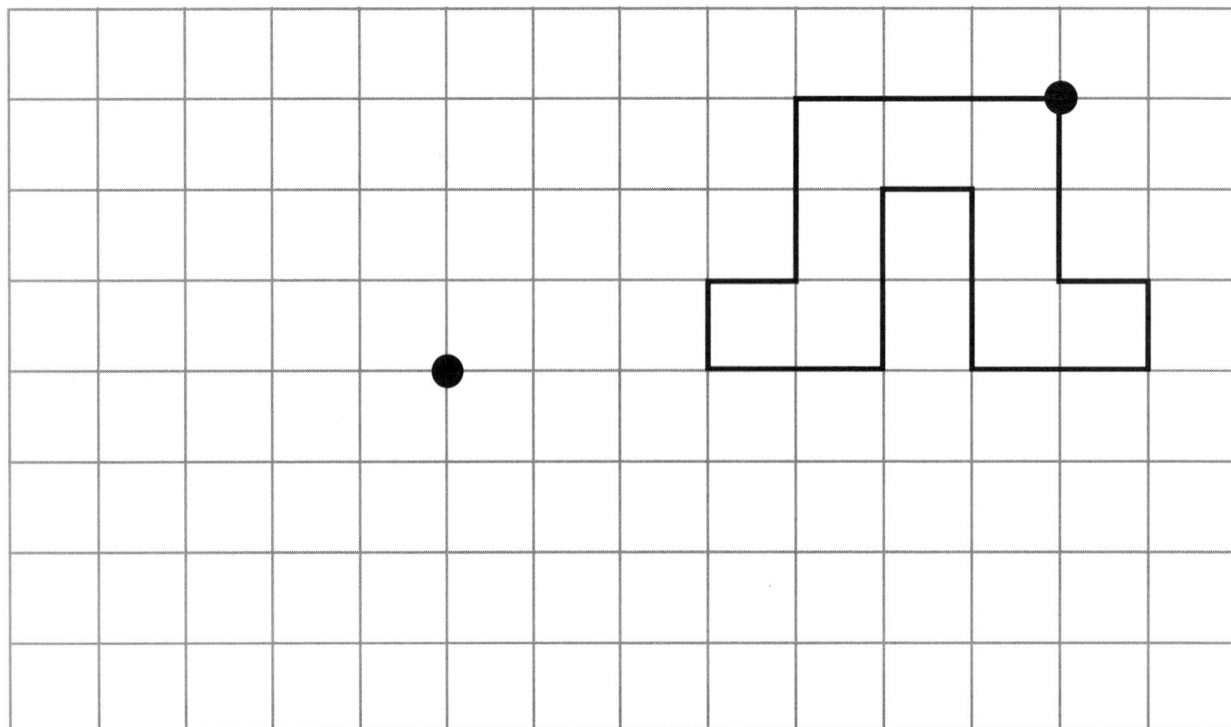

Circuits

Comme dans l'exemple, range les nombres du plus petit au plus grand en suivant les flèches. (Tu commences dans le rond gris.)

Exemple :

37 28 40 31 42 39

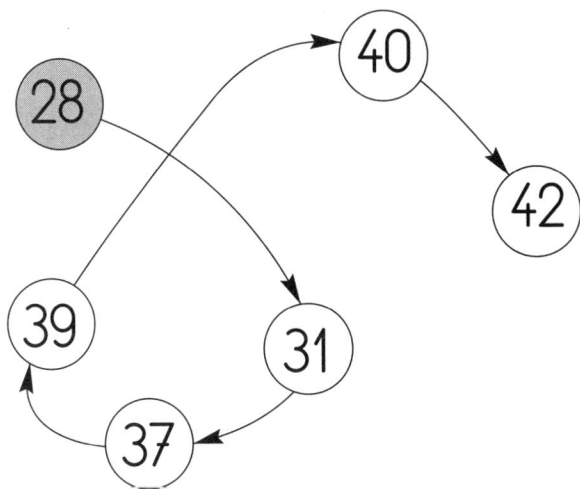

29 38 54 12 36 9

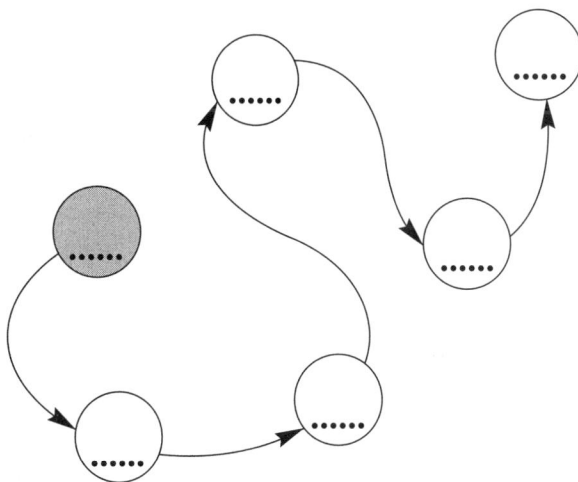

17   25   96   52   28   34
69   19   91   82   43   71

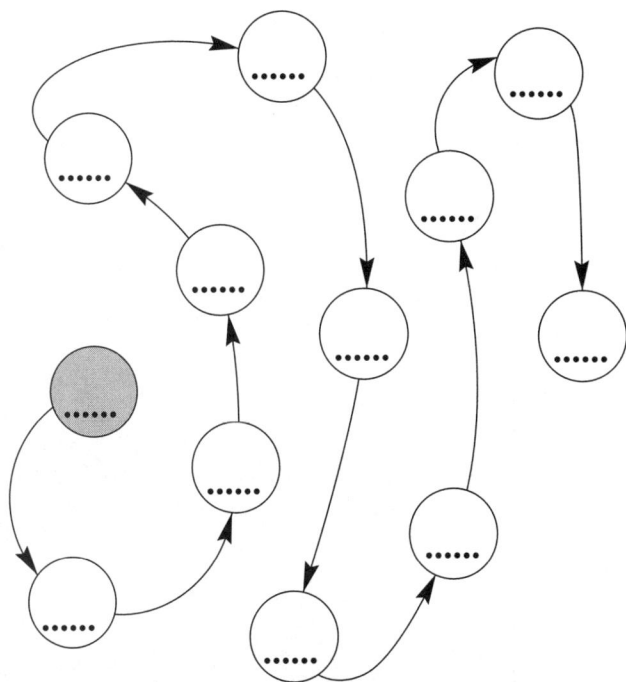

54   72   8   19   29
13   9   25   30   50

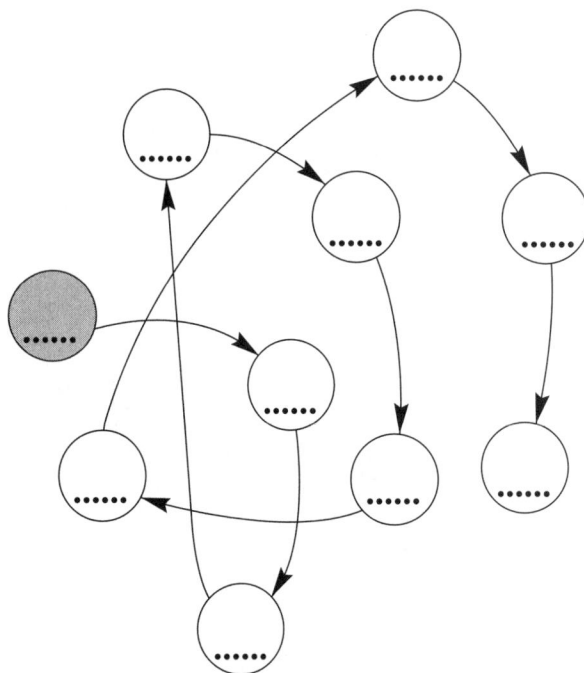

Activités complémentaires - Unité 12 -

Reproduction d'assemblages

Modèle A

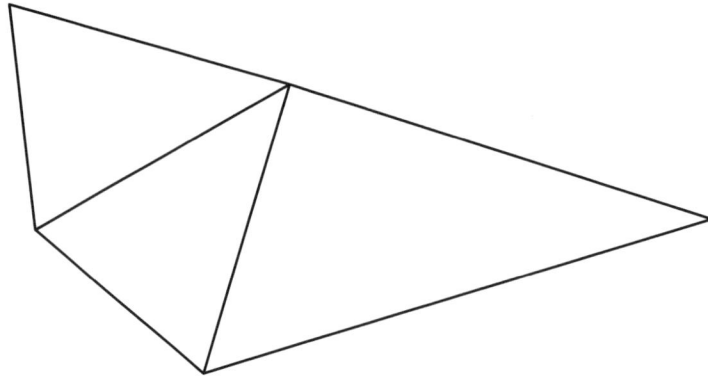

Modèle B

Modèle C

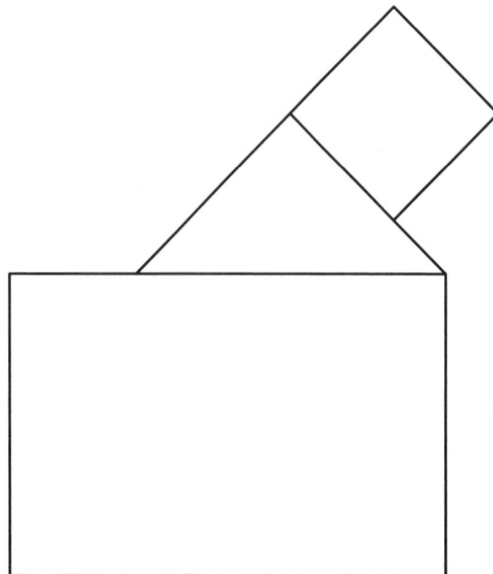

Activités complémentaires

Assembler des formes géométriques

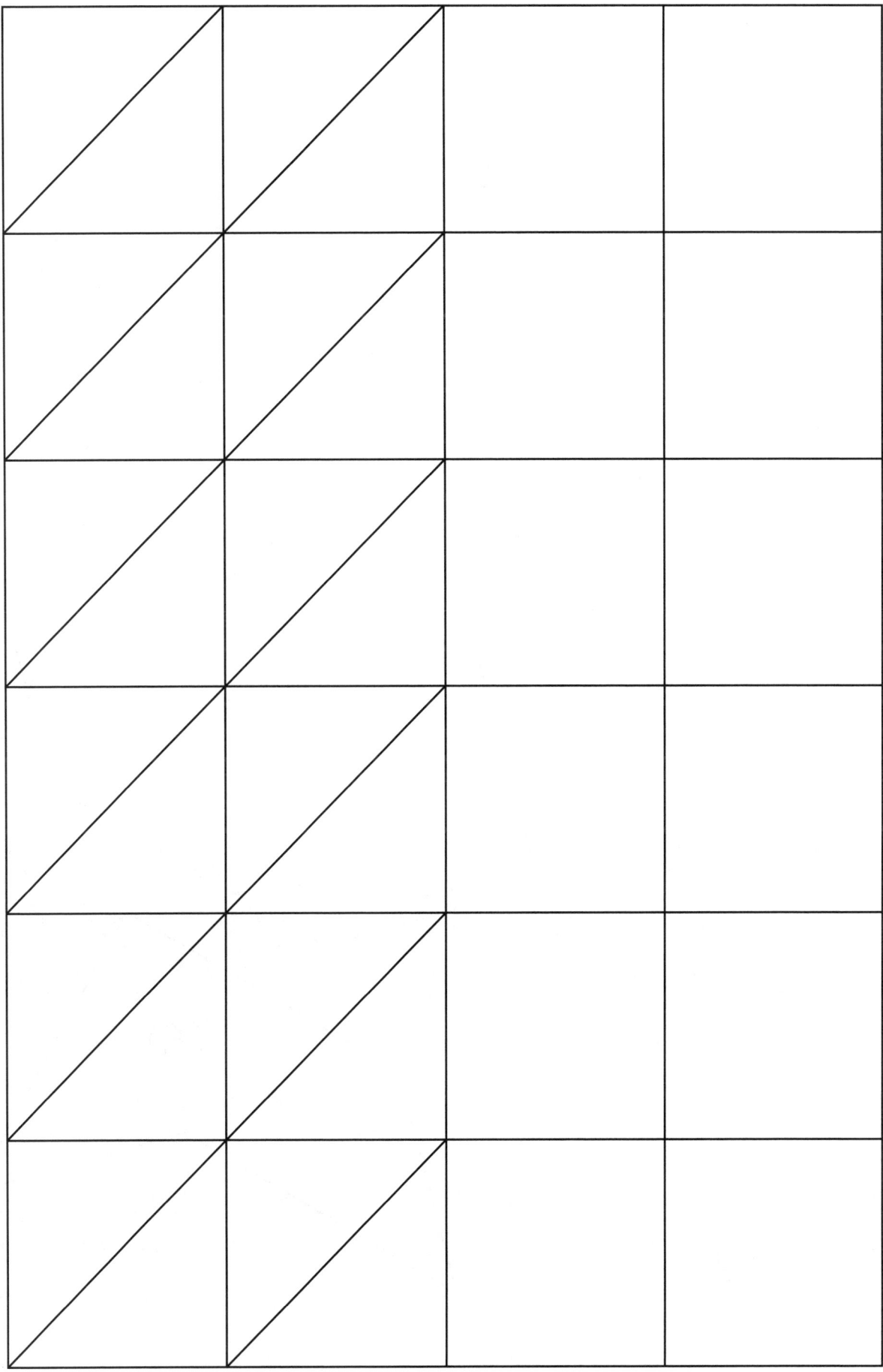

Activités complémentaires
- Unité 12 -

A photocopier sur du papier de couleur.

Formes en puzzle

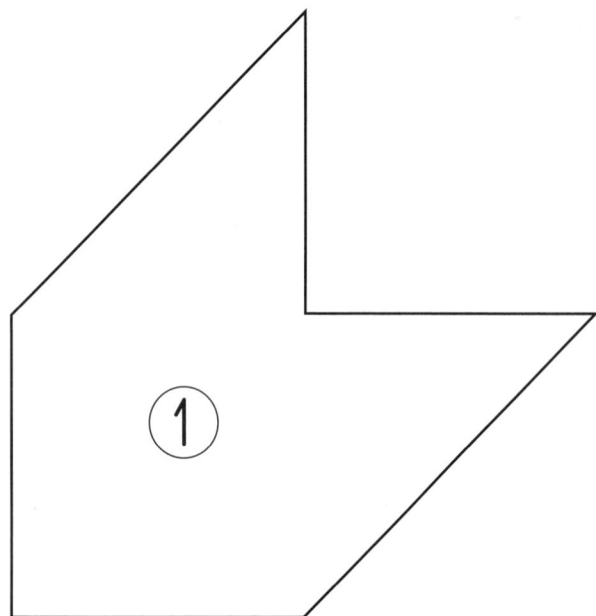

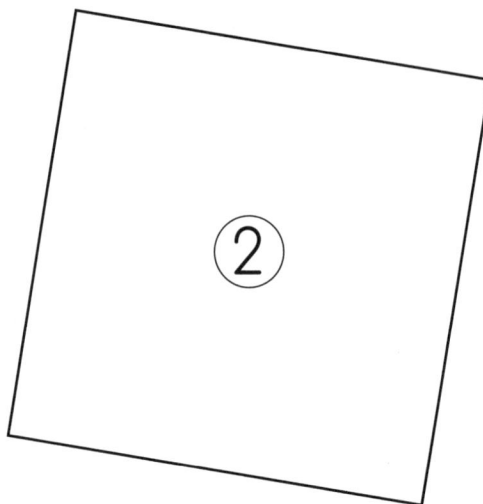

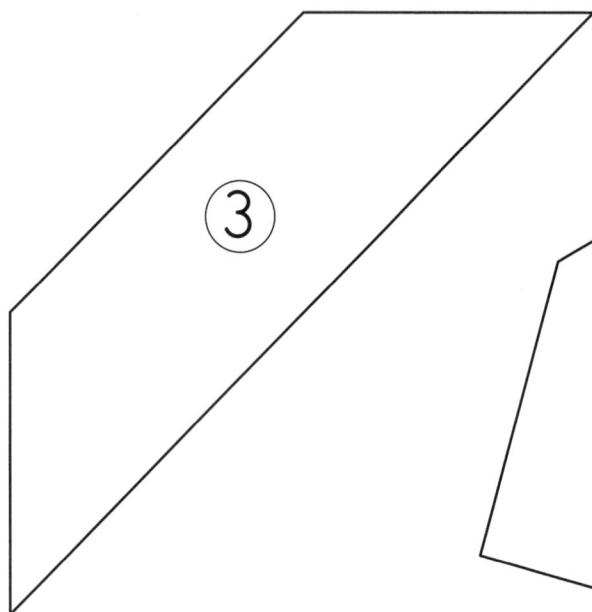

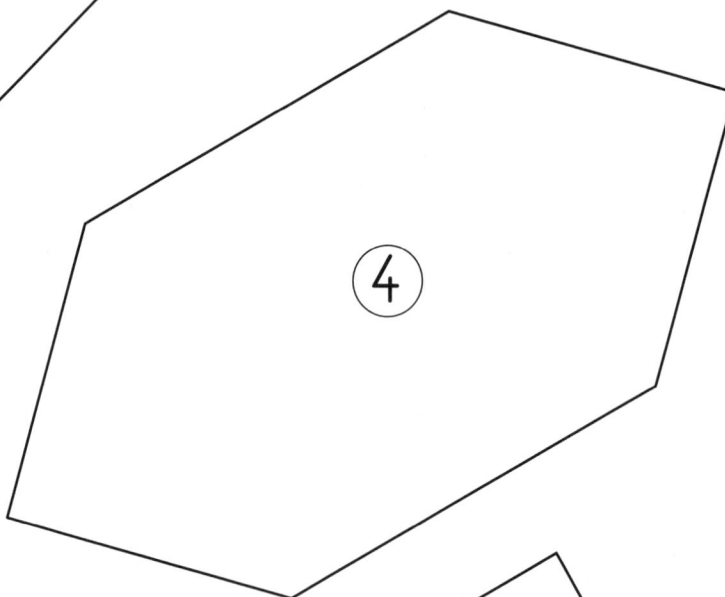

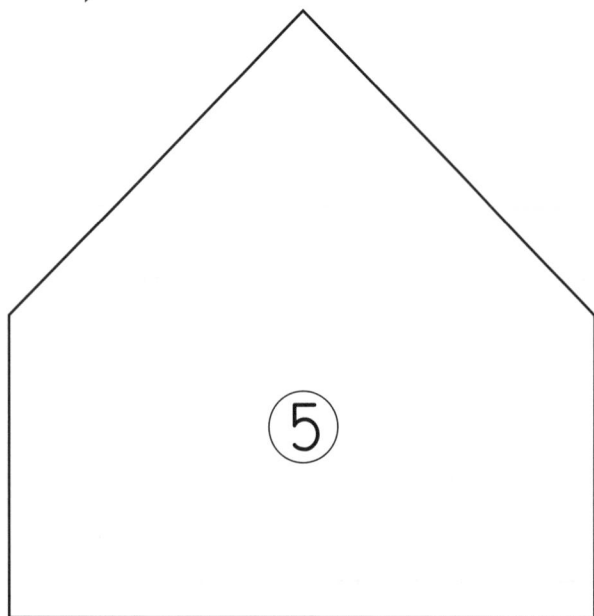

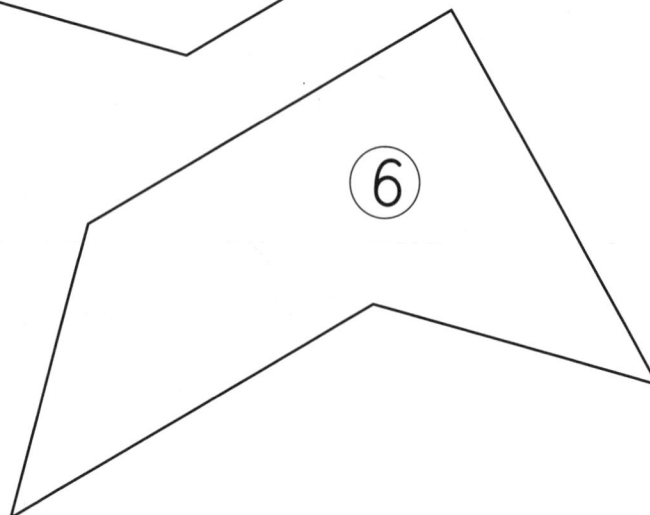

1

2

3

4

5

6

Addi-grilles

40	20	→	
20	20	→	

25	15	→	
35	25	→	

28	17	→	
32	13	→	

19	25	→	
21	15	→	

Activités complémentaires
- Unité 13 -

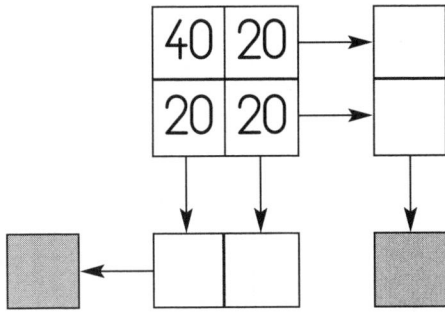

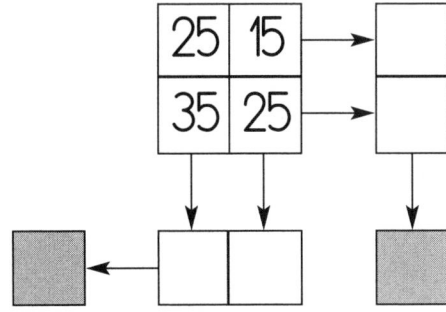

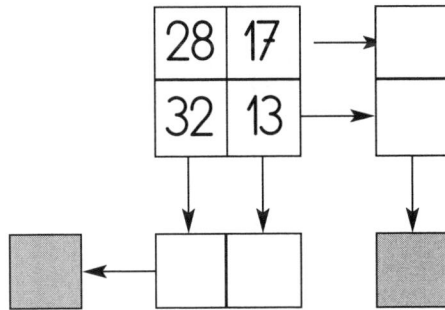

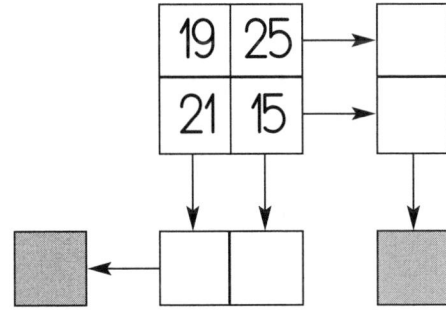

Le nombre de Gribouille

20	40	15
25	30	5
35	45	10

24	12	33
38	7	25
16	15	28

50	65	60
75	40	35
15	45	30

47	93	56
53	46	43
83	73	37

Additionne
deux nombres
de la grille
pour obtenir **50**.

Colorie les deux
cases choisies.

Recommence
plusieurs fois
avec d'autres
nombres.

A la fin, il ne reste
qu'un nombre.
C'est le nombre
de Gribouille

Additionne
deux nombres
de la grille
pour obtenir **40**.

Colorie les deux
cases choisies.

Recommence
plusieurs fois
avec d'autres
nombres.

A la fin, il ne reste
qu'un nombre.
C'est le nombre
de Gribouille

Soustrais
deux nombres
de la grille
pour obtenir **20**.

Colorie les deux
cases choisies.

Recommence
plusieurs fois
avec d'autres
nombres.

A la fin, il ne reste
qu'un nombre.
C'est le nombre
de Gribouille

Soustrais
deux nombres
de la grille
pour obtenir **10**.

Colorie les deux
cases choisies.

Recommence
plusieurs fois
avec d'autres
nombres.

A la fin, il ne reste
qu'un nombre.
C'est le nombre
de Gribouille

Dans un carré

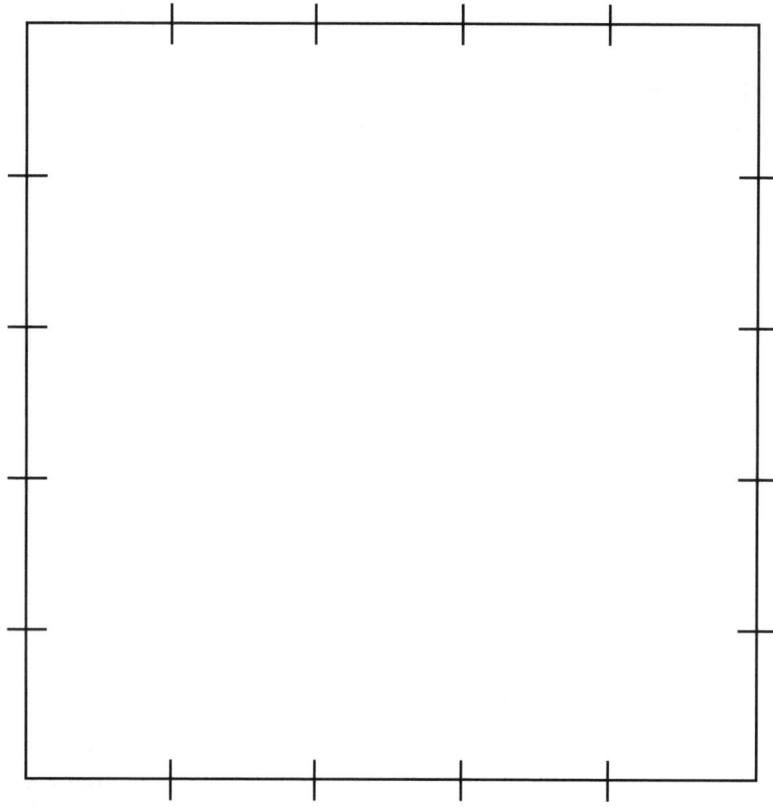

Activités complémentaires

Modèle n° 1

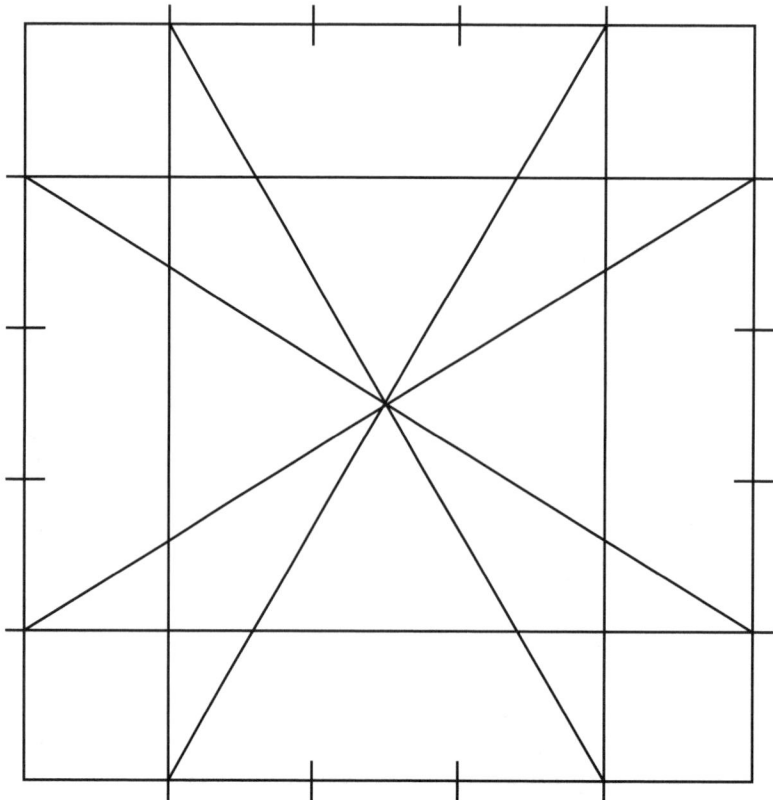

Dans un carré

Modèle n° 2

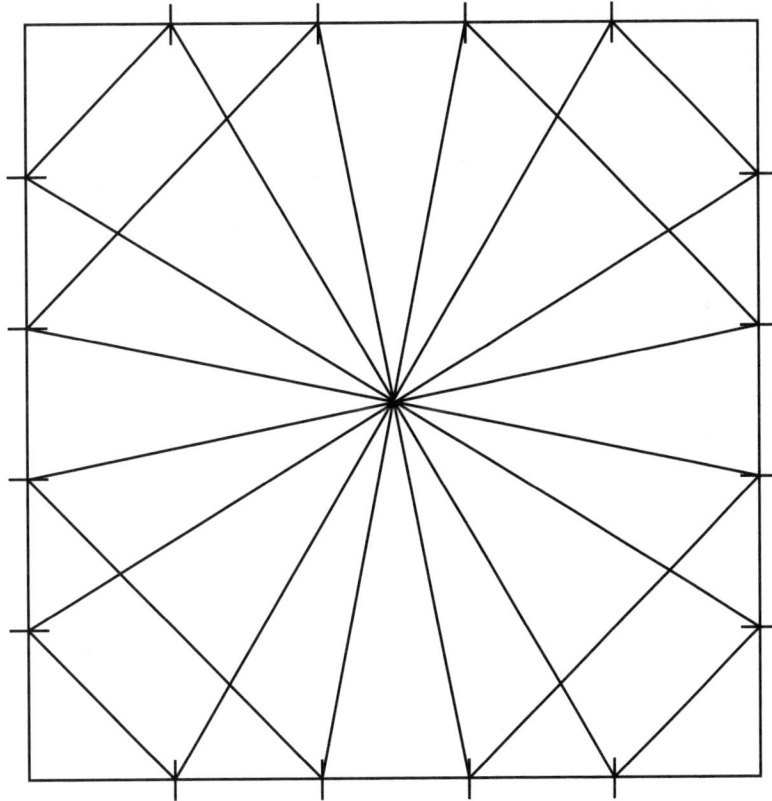

Modèle n° 3

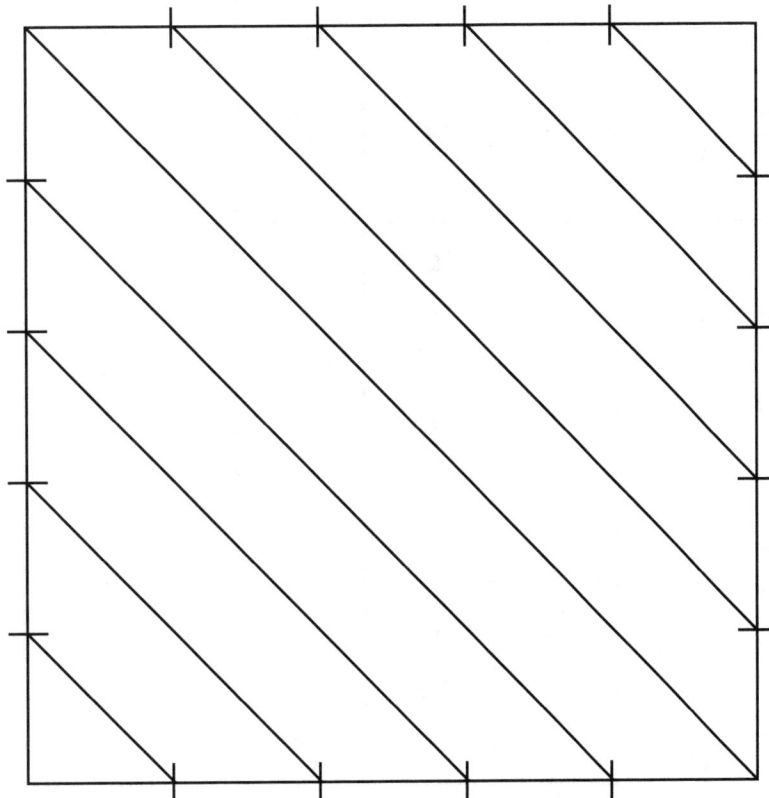

Morpion additif

10 + 2	3 + 3 + 3	8 + 8
8 + 5	7 + 7	10 + 4
6 + 6	2 + 3 + 7	2 + 8 + 2

20 + 20	8 + 7 + 15	10 + 10 + 10
25 + 5	15 + 15	10 + 20
23 + 7	17 + 3	10 + 10

30 + 30	10 + 10 + 30	35 + 25
40 + 20	25 + 10 + 25	45 + 25
20 + 20	25 + 25	20 + 20 + 20

6 + 4 + 6	8 + 4 + 2	8 + 8
10 + 4	10 + 6	9 + 9
3 + 6 + 7	10 + 5	9 + 5 + 1

8 + 7	10 + 5	15 + 5
10 + 10	4 + 10 + 6	13 + 7
7 + 3 + 5	9 + 11	6 + 6 + 4

30 + 30	40 + 10	25 + 25
45 + 5	10 + 20 + 10	20 + 10 + 20
20 + 30	25 + 15	30 + 20

CaPMaths

UNITÉ 1
Fichier de l'élève p. 14

Mon bilan de compétences

Nom : ....

Je sais	Exercices	acquis	en cours d'acquisition	non acquis
Exprimer une quantité par un nombre (jusqu'à 10)	❶ ❷			
Se repérer dans un espace connu	❸			

UNITÉ 2
Fichier de l'élève p. 22

Mon bilan de compétences

Nom : ....

Je sais	Exercices	acquis	en cours d'acquisition	non acquis
Comparer des nombres	❶ ❷ ❸			
Comprendre et utiliser un tableau à double entrée	❹			
Repérer un objet dans un espace connu	❺			

UNITÉ 3
Fichier de l'élève p. 30

Mon bilan de compétences

Nom : ....

Je sais	Exercices	acquis	en cours d'acquisition	non acquis
Écrire en chiffres des nombres dictés	❶			
Ajouter et soustraire des petits nombres Compléter une série de nombres pour obtenir un total égal à 10	❷ ❸			
Compléter une collection organisée avec 5 et 10 pour obtenir une quantité donnée (inférieure à 20)	❹			
Utiliser un plan	❺			

UNITÉ 4
Fichier de l'élève p. 40

Mon bilan de compétences

Nom : ....

Je sais	Exercices	acquis	en cours d'acquisition	non acquis
Écrire en chiffres des nombres dictés	❶			
Compléter la suite écrite des nombres jusqu'à 39	❷			
Connaître et utiliser le répertoire additif pour calculer des sommes, des différences ou décomposer des nombres	❸ ❹			
Me déplacer sur un quadrillage, effectuer des tracés	❺			

Bilans de compétences

CaPMaths

UNITÉ 5
Fichier de l'élève p. 48

Mon bilan de compétences

Nom : ....

Je sais	Exercices	acquis	en cours d'acquisition	non acquis
Repérer une position à l'aide d'une indication numérique	❶			
Dénombrer une collection organisée en dizaines (appui possible sur dix, vingt, trente)	❷ ❸			
Anticiper le résultat ou la valeur d'un déplacement sur la file numérique	❹ ❺			
Reconnaître des rectangles, des triangles	❻			

UNITÉ 6
Fichier de l'élève p. 56

Mon bilan de compétences

Nom : ....

Je sais	Exercices	acquis	en cours d'acquisition	non acquis
Connaître et utiliser le répertoire additif pour calculer des sommes et des compléments	❶			
Résoudre un problème en utilisant le répertoire additif	❷ ❸			
Comparer des longueurs	❹			

UNITÉ 7
Fichier de l'élève p. 66

Mon bilan de compétences

Nom : ....

Je sais	Exercices	acquis	en cours d'acquisition	non acquis
Connaître et utiliser le répertoire additif pour calculer des sommes et des compléments	❶ ❷			
Compléter la suite écrite des nombres jusqu'à 59	❸			
Mesurer des longueurs par report de l'unité	❹			

UNITÉ 8
Fichier de l'élève p. 74

Mon bilan de compétences

Nom : ....

Je sais	Exercices	acquis	en cours d'acquisition	non acquis
Comprendre et utiliser la valeur positionnelle des chiffres dans l'écriture d'un nombre	❶			
Mesurer des longueurs à l'aide d'une règle graduée	❷			
Résoudre un problème relatif à des groupements par 2 ou par 5 (recherche du « nombre de parts »)	❸ ❹			

Bilans de compétences

CapMaths

UNITÉ 9
Fichier de l'élève p. 82

Mon bilan de compétences

Nom : ....

Je sais	Exercices	acquis	en cours d'acquisition	non acquis
Compléter des suites de nombres de 1 en 1 et de 10 en 10	❶			
Dénombrer une collection en utilisant des groupements par dix	❷ ❸			
Construire une bande de longueur donnée à l'aide d'une règle graduée	❹			

UNITÉ 10
Fichier de l'élève p. 92

Mon bilan de compétences

Nom : ....

Je sais	Exercices	acquis	en cours d'acquisition	non acquis
Calculer une somme de 2 nombres inférieurs à 10, par calcul réfléchi (appui sur des doubles…)	❶			
Utiliser le répertoire additif pour calculer des compléments	❷			
Mesurer une ligne brisée par report de l'unité	❸			
Construire un segment de longueur donnée par report de l'unité	❹ ❺			

UNITÉ 11
Fichier de l'élève p. 100

Mon bilan de compétences

Nom : ....

Je sais	Exercices	acquis	en cours d'acquisition	non acquis
Placer des nombres dans le tableau des nombres de 0 à 99	❶			
Additionner des dizaines	❷			
Réaliser une somme donnée en euros (avec des billets de 10€, 20€ et 50€)	❸			
Reproduire un dessin sur quadrillage	❹			

Bilans de compétences

CapMaths

● **UNITÉ 12**
Fichier de l'élève p. 108

Mon bilan de compétences

Nom : ....

Je sais	Exercices	acquis	en cours d'acquisition	non acquis
Comparer des nombres et utiliser les signes < et >	❶ ❷			
Calculer une somme de 2 nombres de 2 chiffres, par un calcul réfléchi	❸			
Reconnaître les figures simples (carré, rectangle, triangle) composant un assemblage	❹			

● **UNITÉ 13**
Fichier de l'élève p. 118

Mon bilan de compétences

Nom : ....

Je sais	Exercices	acquis	en cours d'acquisition	non acquis
Écrire et lire des nombres de 60 à 79	❶ ❷ ❸			
Calculer une somme, par calcul réfléchi ou posé	❹			
Dessiner des triangles	❺			

● **UNITÉ 14**
Fichier de l'élève p. 126

Mon bilan de compétences

Nom : ....

Je sais	Exercices	acquis	en cours d'acquisition	non acquis
Écrire des nombres de 80 à 99	❶ ❷ ❸			
Calculer une différence du type 43 – 6 (le premier terme étant représenté par des dizaines et des unités)	❹			
Lire des horaires en heures entières et heures et demie sur une horloge à aiguilles	❺			

● **UNITÉ 15**
Fichier de l'élève p. 134

Mon bilan de compétences

Nom : ....

Je sais	Exercices	acquis	en cours d'acquisition	non acquis
Former des écritures de nombres avec des mots et les traduire avec des chiffres	❶			
Trouver différentes décompositions additives d'un nombre	❷			
Calculer des différences : approche d'une technique	❸ ❹			
Déterminer le nombre et la nature des faces d'un solide	❺			

Bilans de compétences

Prénom : ....

Je fais le point 1

1 **Écris** les nombres dictés.

● ▢   ▪ ▢   ★ ▢   ☽ ▢   ♥ ▢   ▲ ▢

....

2 **Écris** les nombres effacés par Gribouille.

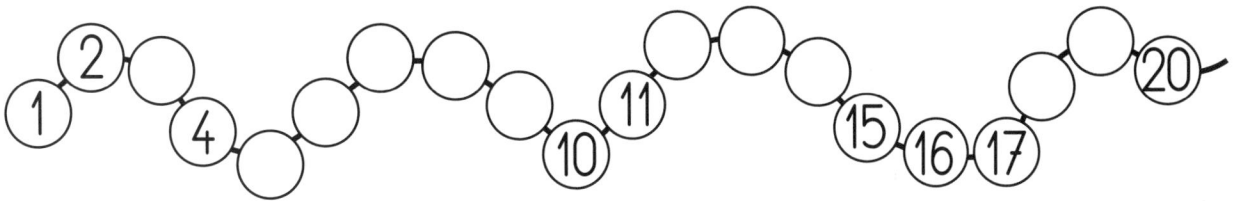

1 2 ○ 4 ○ ○ ○ ○ ○ 10 11 ○ ○ ○ 15 16 17 ○ ○ 20

....

3 **Écris** combien il y a d'oiseaux. sur l'image d'Arthur.

Il y a .... oiseaux.

4 Zoé doit dessiner 10 ronds. Elle a commencé. **Termine**.

....

5 **Entoure** le plus grand des deux nombres.

7 12   16 13   12 6

11 9   14 15

6 **Écris** les nombres du plus petit au plus grand.

⑦ ⑪ ⑤ ⑩ ⑯

....

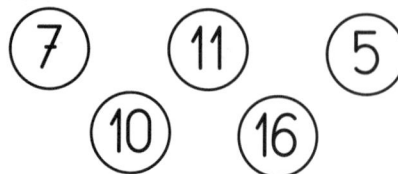

7 **Écris** les réponses aux questions posées par le maître ou la maîtresse.

8 A la fin du jeu, y a-t-il exactement 10 jetons dans la boîte ?
Entoure la bonne réponse.

② ② ② ① ③   *oui*   *non*

9 **Complète** pour avoir 10 jetons dans la boîte à la fin du jeu.

③ ① ③ ① (...)

10 **Entoure** la photo qu'il faut coller dans la place libre.

11 **Cherche** dans la cour la place de tes cartes.
Indique sur ton plan l'endroit où tu les as trouvées.

EN CLASSE

Prénom : ....

Je fais le point 2

① **Écris** les nombres dictés.

● ▢   ■— ▢   ★ ▢   ☽ ▢   ♥ ▢   ▲ ▢

② **Complète** la file numérique.

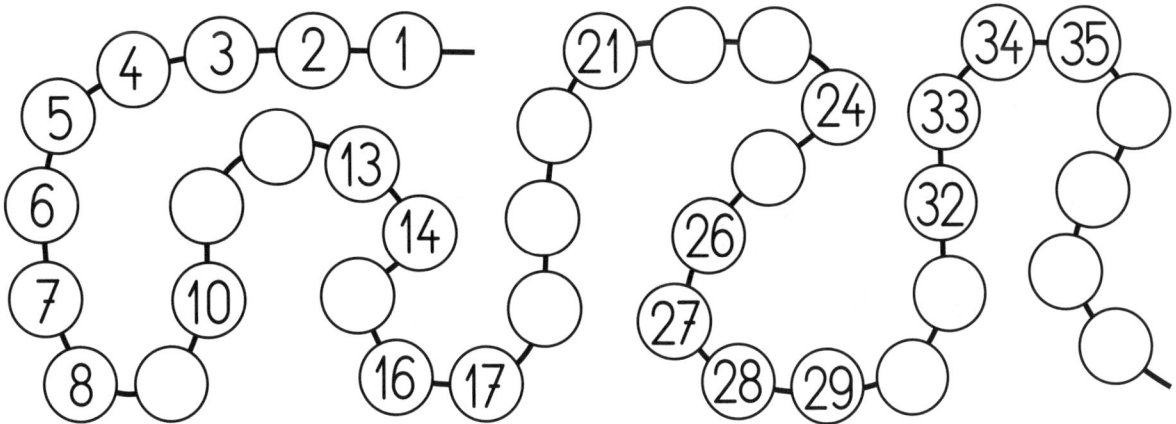

4 — 3 — 2 — 1
5
6   13
7   10   14
8   16 — 17

21
24
26
27
28 — 29

34 — 35
33
32

③ **Entoure** le plus grand nombre de chaque bulle.
Dessine une croix sous le plus petit.

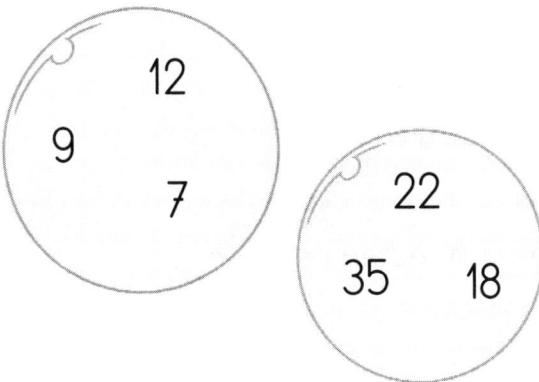

12
9
7

22
35   18

④ **Qui a le plus de billes ?**
Qui a le moins de billes ?

18 Gribouille
32 Zoé
23 Arthur

⑤ **Écris** le résultat des calculs dictés.

● ▢   ■— ▢   ★ ▢   ☽ ▢   ♥ ▢   ▲ ▢

6 **Complète**.

$3 + 2 =$ .... $\quad$ $6 + 2 =$ .... $\quad$ $8 - 1 =$ ....

$4 + 3 =$ .... $\quad$ $5 + 5 =$ .... $\quad$ $5 - 2 =$ ....

$7 + 3 =$ .... $\quad$ $4 - 1 =$ .... $\quad$ $10 - 9 =$ ....

7 Écoute bien l'histoire lue par le maître ou la maîtresse
et **écris** la réponse pour chaque personnage.

8 Arthur a un paquet de 8 images.
Il doit y avoir autant d'images
dans chacune des enveloppes.
Combien d'images y aura-t-il
dans chaque enveloppe ?

Il y aura .... images dans chaque enveloppe.

9 **Relie** les points à l'aide de la règle pour former un rectangle.

Prénom : ....

Je fais le point 3

1 **Écris** les nombres dictés.

a ☐ b ☐ c ☐ d ☐ e ☐ f ☐ g ☐ h ☐ i 〔

2 **Complète**.

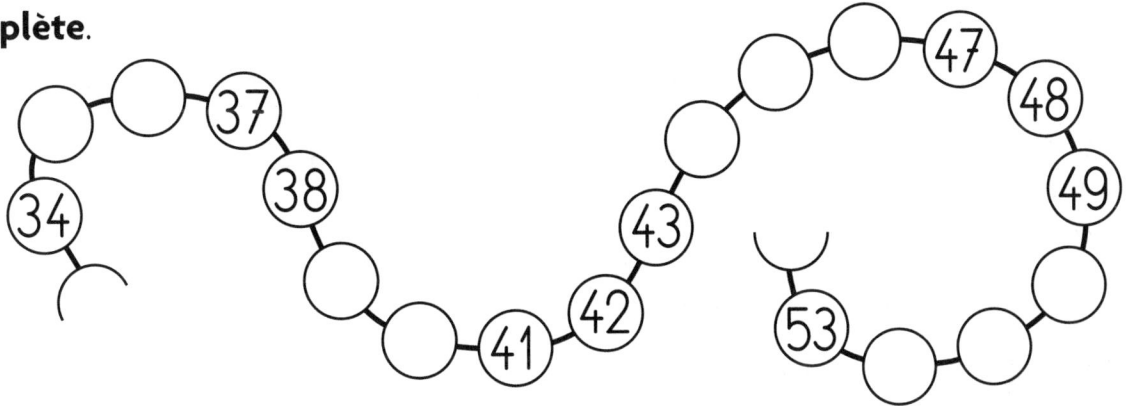

3 **Complète**.

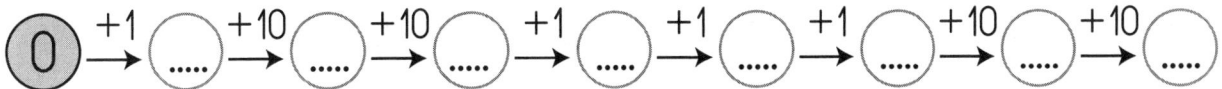

4 **Complète**.

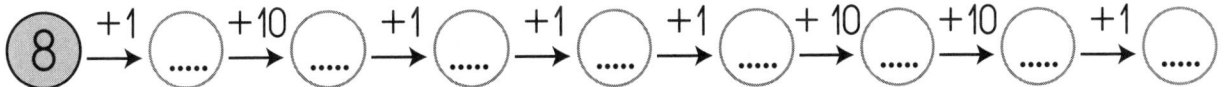

5 **Écris** le résultat des calculs dictés.

a ☐ b ☐ c ☐ d ☐ e ☐ f ☐ g ☐ h ☐

6 **Complète**.

6 + 5 = ...	5 − 2 = ...	10 − .... = 8	10 − 2 = ...
7 − 4 = ...	8 − 3 = ...	3 + ... = 10	5 + ... = 10

Bilan de période 3

Je fais le point 3
Guide de l'enseignant **p.189**

7 **Écris** le nombre de timbres d'Arthur.

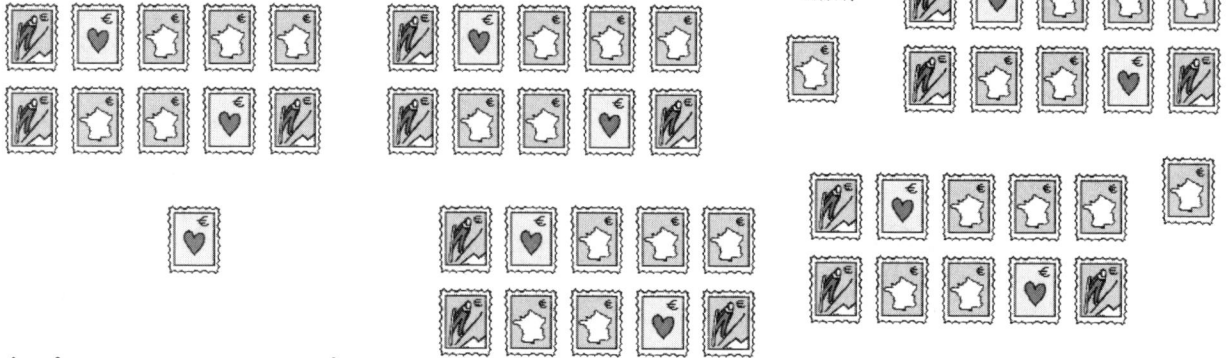

Arthur a .... timbres.

8 **Place** les points comme sur le modèle.

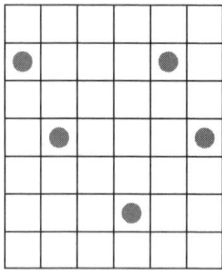

Modèle

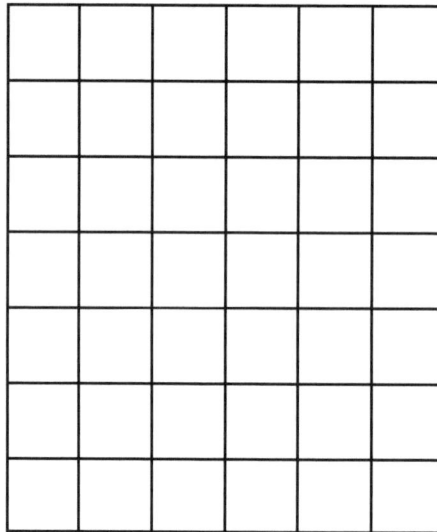

9 Utilise l'unité violette. **Écris** la longueur de la bande.

a

*La bande **a** mesure* .... *unités.*

10 **Fais** un dessin qui permettra à tes camarades de retrouver les trésors.

EN CLASSE

Je fais le point 3
Exercice 10

Nom des élèves	dessin très partiel, informations insuffisantes	a dessiné les gobelets d'un alignement	a dessiné les gobelets en suivant deux alignements	a placé convenablement △ ○ □	a orienté convenablement le plan	a inversé le plan	a su trouver △ ○

Prénom : ....

Je fais le point 4

1 **Écris** le résultat des calculs dictés.

a ☐ b ☐ c ☐ d ☐ e ☐ f ☐ g ☐ h ☐

2 Voici un morceau du tableau des nombres. **Écris** les nombres dans les cases grisées.

	34			37
			46	
63				

3 **Entoure** le plus grand nombre de chaque bulle. **Dessine** une croix sous le plus petit.

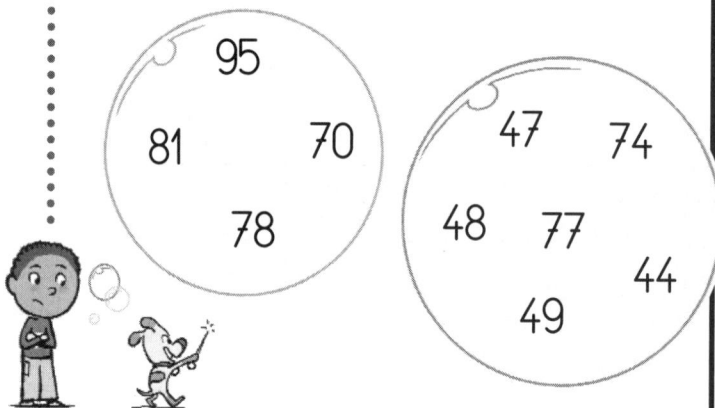

95
81   70
78

47   74
48   77
   44
49

4 **Écris** les nombres du plus petit au plus grand.

☐ ..... ☐ ..... ☐ ..... ☐ ..... ☐ .....

69   59   96
86   95

5 **Écris** le résultat des calculs dictés.

a ☐ b ☐ c ☐ d ☐ e ☐ f ☐ g ☐ h ☐

6 **Complète.**

$44 + 1 = $	$44 + 10 = $	$44 - 1 = $	$44 - 10 = $ ......
$79 + 1 = $	$79 + 10 = $	$79 - 1 = $	$79 - 10 = $ ......
$60 + 1 = $	$60 + 10 = $	$60 - 1 = $	$60 - 10 = $ ......

7 **Entoure** les nombres qu'il faut additionner pour obtenir 60.

| 10 | 20 | 30 | 40 |

• **Entoure** les nombres qu'il faut additionner pour obtenir 80.

| 10 | 20 | 20 | 50 |

8 **Pour les exercice 8 et 9, utilise l'unité jaune de ton fichier**. **Mesure** chaque chemin en reportant l'unité.

Le chemin **a** mesure .... unités.

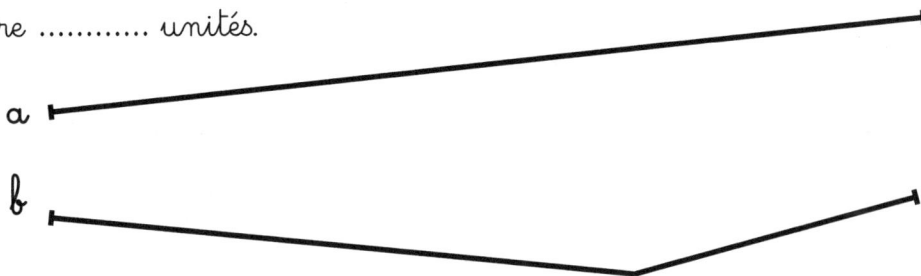

a

b

Le chemin **b** mesure .... unités.

9 **Trace** un chemin de 3 unités sur cette ligne.

10 **Reproduis** le dessin à partir du rond. Utilise la règle.

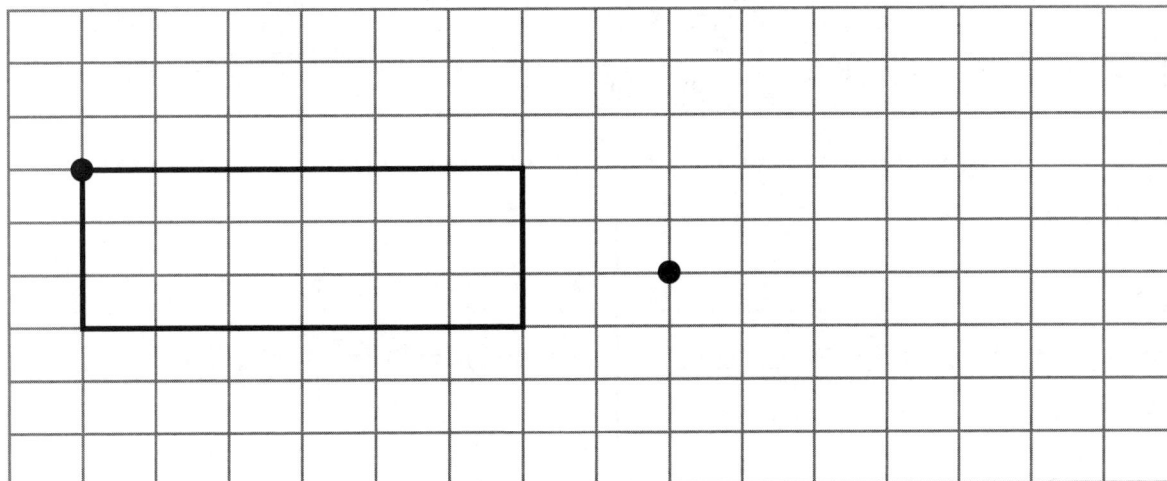

Prénom : ....

Je fais le point 5

① Écris les nombres dictés.

a ☐   b ☐   c ☐   d ☐   e ☐   f ☐

....

② Écris le résultats des calculs dictés.

a ☐   b ☐   c ☐   d ☐   e ☐   f ☐   g ☐   h ☐   i ☐   j ☐

....

③ Écris en lettres.

52 : ....

72 : ....

80 : ....

95 : ....

98 : ....

Écris en chiffres.

soixante-sept : ....

soixante-dix : ....

soixante-dix-sept : ....

quatre-vingt-quatre : ....

quatre-vingt-quatorze : ....

....

④ Colorie les pièces et les billets qu'il faut pour obtenir :

68 €	83 €

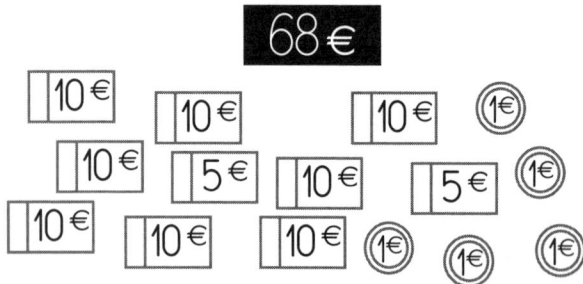
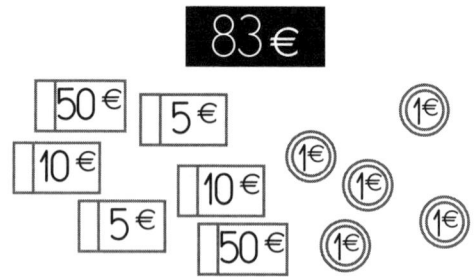

....

⑤ Complète.

16 + 15 + 5 + 4 = ...

8 + 6 + 4 + 12 + 5 = ...

12 + 3 + 8 + 5 + 12 = ...

17 + 5 + 5 + 3 + 10 = ...

6 **Calcule** avec la méthode de ton choix.

45 + 23

29 + 40

8 + 54

47 + 38

7 **Calcule** avec la méthode de ton choix.

45 – 21

42 – 8

60 – 27

8 **Combien** le marchand a-t-il vendu de ballons ?

> Ce matin, j'avais 25 ballons.

Le marchand a vendu .... ballons.

9 **Combien** y a-t-il de photos dans l'album de Zoé ?

> J'ai déjà rempli 7 pages et sur chaque page, j'ai collé 2 photos.

Dans l'album de Zoé, il y a .... photos.

10 **Écris** « carré » dans les carrés et « rectangle » dans les rectangles.
Entoure les triangles.

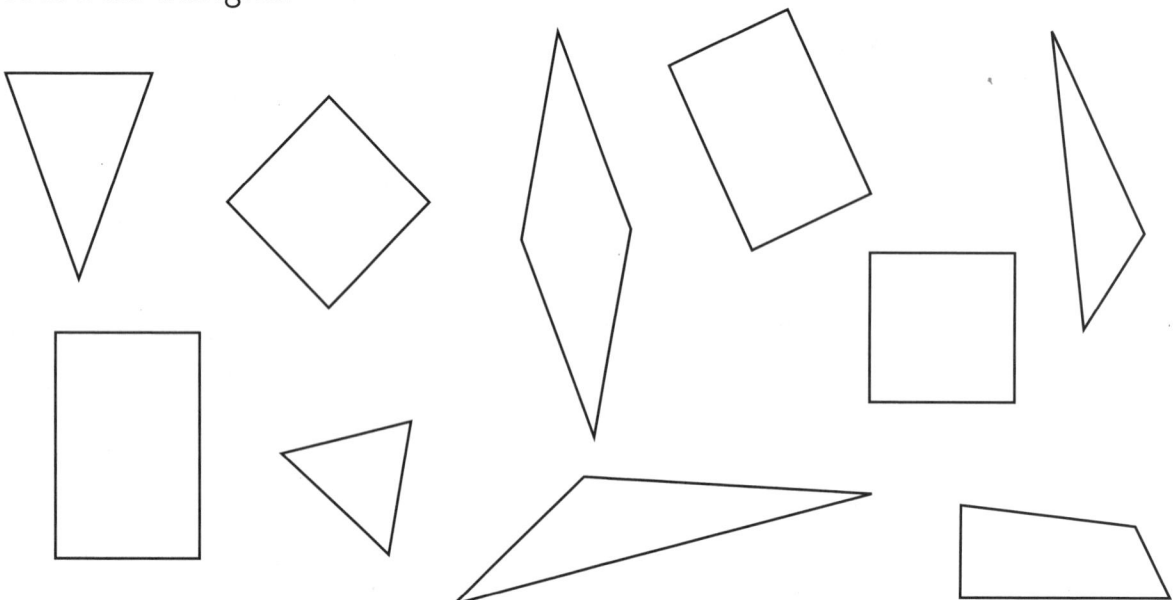

Achevé d'imprimer en octobre 2011 par Normandie Roto Impression s.a.s., 61250 Lonrai
N° d'imprimeur : 11-3864 - Dépôt légal : 93620-3/04 - octobre 2011 - *Imprimé en France*